하루 10분으로 한자 급수와 어휘력의 기틀을 다지는

뿌리깊은 초등국어

4단계(6급)
초등 1~3학년
대상

한자 6급

(사)한국어문회 주관 한국한자능력검정회 시행 기준

초판 3쇄 발행일 2022년 4월 29일 **발행처** ㈜마더텅 **발행인** 문숙영
책임편집 장윤미 **집필 및 교정** 장윤미, 김보라, 김소율, 손정선
베타테스트 남기명(서울 강덕초), 이기온, 이재원(서울 강덕초)
디자인 김연실, 양은선 **일러스트** 이혜승 **인디자인편집** 유수미
제작 이주영 **주소** 서울시 금천구 가마산로 96, 708호 **등록번호** 제1-2423호(1999년 1월 8일)

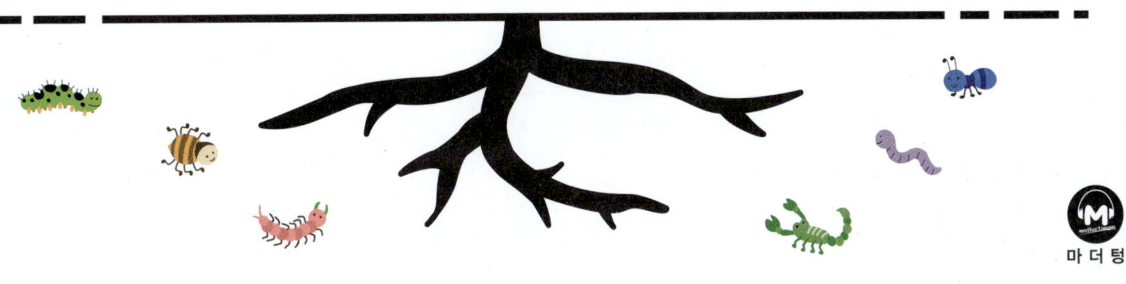

마더텅

구성 1

주간학습계획표

〈뿌리깊은 초등국어 한자 6급(4단계)〉은 공부할 내용을 주 단위로 묶었습니다.
'주간학습계획표'를 활용하여 한 주 동안 공부할 내용을 미리 살펴보고
스스로 계획을 세울 수 있습니다.

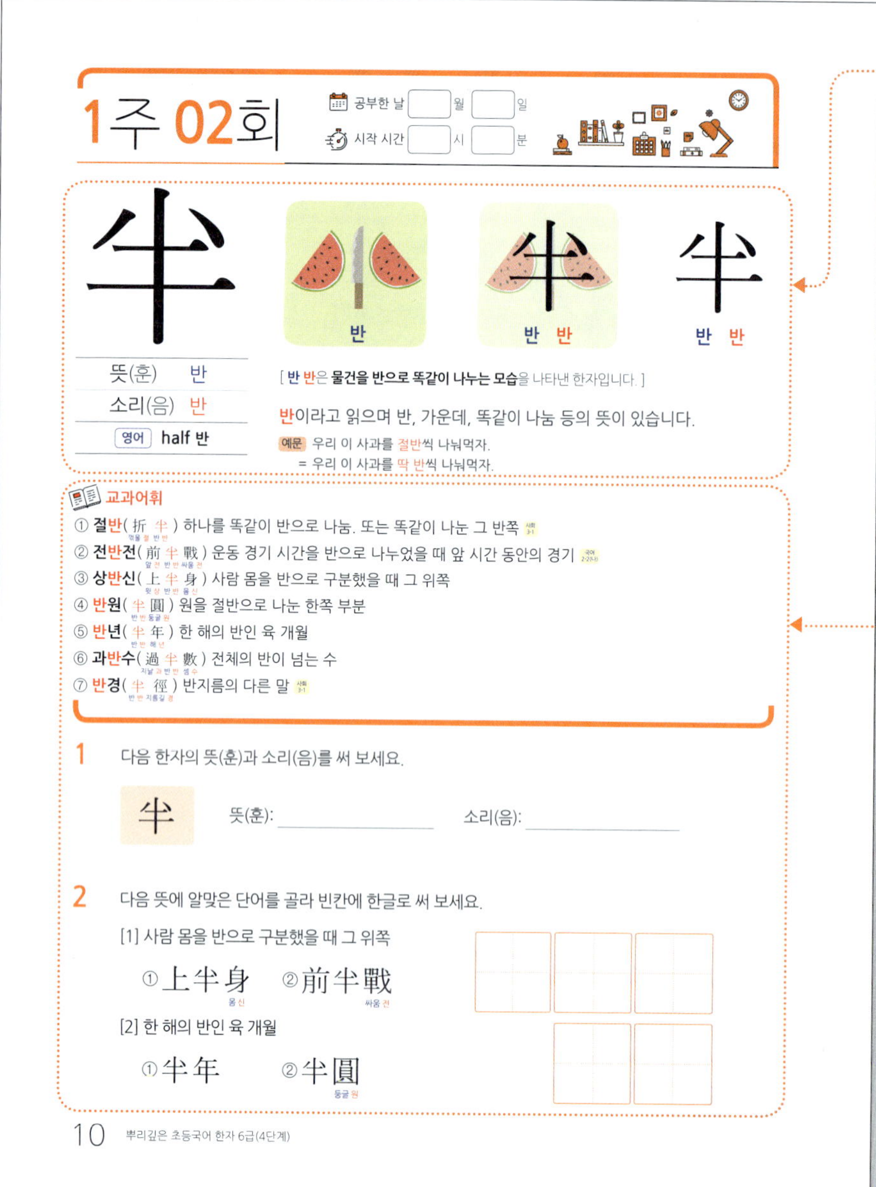

구성 2

학습한자 확인

해당 한자의 뜻과 음을 확인하는 순서입니다.
한자의 어원을 초등학생 수준에서
이해할 수 있도록 쉽게 각색하여 설명하고,
그림으로 나타내었습니다.
한자 단어를 사용한 예문과,
한자를 쉽게 풀어 설명한 예문을 함께
수록하였습니다.
또한, 한자의 쓰임과 어울리는 간단한 영단어를
추가하여 학생들이 영어와 한자를 동시에
학습할 수 있도록 했습니다.

구성 3

교과 단어 더하기

해당 한자를 활용한 단어를 교과서에 나오는
어휘 중심으로 수록하였습니다.
초등학생이 자주 쓰는 단어들뿐만 아니라
초등학생이 꼭 알아야하는 단어들로
구성하였습니다. 교과서 표시를 보고 몇 학년이
이 어휘를 배우는지 확인할 수 있습니다.
또한, 간단한 문제를 통해 학생들이
교과 단어의 뜻을 한 번 더 확인하며
익힐 수 있습니다.

구성 4

한자 쓰기

한자를 쓰며 부수와 획순을 익히는 순서입니다.
모든 획순마다 방향이 표시되어 있고, 회색 따라쓰기로 처음부터 마지막까지 획순대로 따라 쓸 수 있게 되어있습니다.
3번은 해설지에 따로 답이 표시되어 있지 않고 모든 칸을 정확하게 다 채우면 정답입니다.
표의 구성대로 한자를 쓰다보면, 자연스럽게 한자를 획순대로 정확하게 익히고 바르게 쓸 수 있게 될 것입니다.

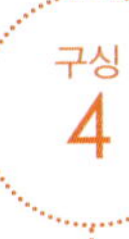

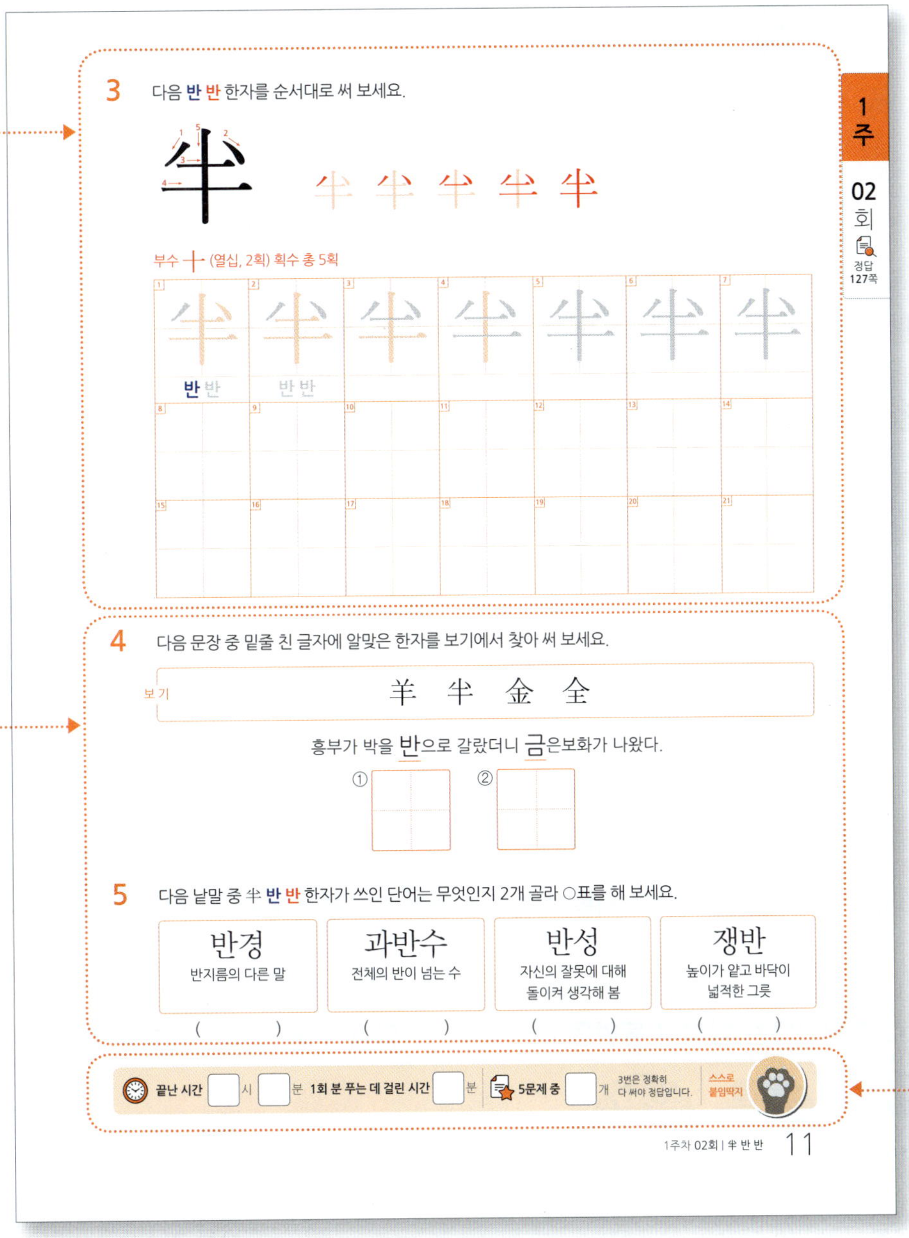

1 주

02 회

정답 127쪽

3 다음 반 반 한자를 순서대로 써 보세요.

半 半 半 半 半 半

부수 十 (열십, 2획) 획수 총 5획

반 반 / 반 반

4 다음 문장 중 밑줄 친 글자에 알맞은 한자를 보기에서 찾아 써 보세요.

보기 羊 半 金 全

흥부가 박을 반으로 갈랐더니 금은보화가 나왔다.

① ②

5 다음 낱말 중 半 반 반 한자가 쓰인 단어는 무엇인지 2개 골라 ○표를 해 보세요.

반경	과반수	반성	쟁반
반지름의 다른 말	전체의 반이 넘는 수	자신의 잘못에 대해 돌이켜 생각해 봄	높이가 얕고 바닥이 넓적한 그릇
( )	( )	( )	( )

끝난 시간 시 분 1회 분 푸는 데 걸린 시간 분 5문제 중 개 3번은 정확히 다 써야 정답입니다. 스스로 붙임딱지

1주차 02회 | 半 반 반 11

구성 5

어휘력 강화 문제

〈뿌리깊은 초등국어 한자 6급(4단계)〉에는 한자를 익히고 활용하여 풀 수 있는 다양한 문제들이 들어있습니다.
한자어, 관용어 등을 통해 한자가 실제 언어생활에서 어떻게 사용되는지 살펴보고, 한자가 가지고 있는 여러 뜻을 파악할 수 있습니다.

구성 6

학습결과 점검표

한 회를 마칠 때마다 걸린 시간 및 맞힌 문제의 개수, 그리고 '평가 붙임딱지'를 붙일 수 있는 (자기주도평가)란이 있습니다.
모든 공부를 다 마친 후 스스로 그 결과를 기록함으로써 그날의 공부를 다시 한 번 되짚어볼 수 있으며, 성취해 나가는 기쁨을 느낄 수 있습니다.

다양한 주간 복습 활동

〈뿌리깊은 초등국어 한자 6급(4단계)〉에는
주마다 한자 복습에 도움이 될 만한
다양한 활동들이 실려 있습니다.

한자 나무 기르기

〈뿌리깊은 초등국어 한자 6급(4단계)〉은 학생이 공부한 진도를 확인할 수 있도록 '한자 나무 기르기'를 부록으로 실었습니다.
회차를 마칠 때마다 알맞은 칸에 붙임딱지를 붙여서 한자 나무를 완성해 보세요.

한자 나무 기르기 붙임딱지 활용법

공부를 마치면 나무에 알맞은 붙임딱지를
'한자 나무 기르기'에 붙이세요.
나무를 완성해 가면서 끝까지 공부를 했다는
성취감을 느껴 보세요.
＊한자 나무 기르기는 뒤표지 안쪽에 있습니다.

스스로 붙임딱지 활용법

공부를 마치면 아래 보기를 참고해 알맞은 붙임딱지를 '학습결과 점검표'에 붙이세요.
＊붙임딱지는 마지막 장에 있습니다.

다 풀고 나서 스스로 대단하다는 생각이 들었을 때

- 정답 수 : 4개 이상
- 걸린 시간 : 10분 이하

열심히 풀었지만 어려운 문제가 있었을 때

- 정답 수 : 3개 이하
- 걸린 시간 : 15분 이상

오늘 배운 내용이 재미있었을 때

- 점수와 상관없이 학생이 재미있게 학습했다면

스스로 공부를 시작하고 끝까지 마쳤을 때

- 학생이 스스로 먼저 오늘 할 공부를 시작하고
  끝까지 했다면

2022 마더텅 제2기
초등학교 성적 우수 장학생 모집

**2022년에 마더텅 초등 교재들과 함께
우수한 성적**을 거두신 분들께 **장학금**을 드립니다.

🎓 지원 자격 및 장학금

초1 ~ 초6

지원 과 목
국어 / 영어 / 한자 중 최소 1과목 이상 지원 가능
※여러 과목 지원 시 가산점이 부여됩니다.

제 출 서 류
아래 2가지 항목 중 최소 1개 이상 서류 제출
① 2021년 2학기 혹은 2022년 1학기 초등학교 생활통지표 등 학교에서 배부한 학업성취도를 확인할 수 있는 서류
② 2021년 7월~2022년 6월 시행 초등학생 대상 국어/영어/한자 해당 인증시험 성적표
책과함께 KBS한국어능력시험, J-ToKL, G-TELP Jr., TOEFL Jr., TOEIC Bridge, TOSEL,
한자능력검정시험(한국어문회, 대한검정회, 한자교육진흥회 주관)

💡 **위 조건에 해당한다면** 마더텅 초등교재로 공부하면서 <u>느낀 점</u>과 **공부 방법, 학업 성취, 성적 변화** 등에 관한
자신만의 수기를 작성해서 마더텅으로 보내 주세요. 우수한 글을 보내 주신 분들께 **수기 공모 장학금**을 드립니다!

응모대상 **마더텅 초등 교재들로 공부한 초1~초6**

뿌리깊은 초등국어 독해력, 뿌리깊은 초등국어 독해력 어휘편, 초등영문법 3800제, 초등영문법 777,
초등영어 받아쓰기·듣기 10회 모의고사, 초등교과서 영단어 2400, 비주얼파닉스 Visual Phonics, 중학영문법 3800제 스타터,
뿌리깊은 초등국어 한자 중 최소 1권 이상으로 신청 가능

응모방법

① 마더텅 홈페이지(www.toptutor.co.kr)의 [고객센터-이벤트] 게시판에 접속
② [2022 마더텅 초등학교 장학생 선발] 클릭 후 지원하는 분야의 [2022 마더텅 초등학교 장학생 지원서 양식]을 다운
③ [2022 마더텅 초등학교 장학생 지원서 양식] 작성 후 메일(mothert.marketing@gmail.com)로 발송

선발일정

접 수 기 한 2022년 7월 27일 **수상자 발표일** 2022년 8월 17일 **장학금 수여일** 2022년 8월 31일

ㄱ

各	각각 각	4권 8쪽
角	뿔 각	5권 92쪽
感	느낄 감	6권 16쪽
強	강할 강	4권 120쪽
開	열 개	6권 32쪽
京	서울 경	4권 76쪽
計	셀 계	6권 50쪽
界	지경 계	6권 52쪽
高	높을 고	4권 72쪽
古	옛 고	4권 82쪽
苦	쓸 고	5권 84쪽
功	공 공	4권 40쪽
公	공평할 공	5권 8쪽
共	한가지 공	5권 10쪽
科	과목 과	6권 104쪽
果	실과(열매) 과	6권 26쪽
光	빛 광	4권 20쪽
交	사귈 교	6권 14쪽
球	공 구	4권 112쪽
區	구분할 구	5권 52쪽
郡	고을 군	6권 40쪽
近	가까울 근	4권 68쪽
根	뿌리 근	5권 44쪽
今	이제 금	4권 84쪽
急	급할 급	4권 70쪽
級	등급 급	5권 50쪽

ㄷ

多	많을 다	4권 116쪽
短	짧을 단	4권 118쪽
堂	집 당	5권 28쪽
待	기다릴 대	4권 100쪽
代	대신할 대	4권 52쪽
對	대할 대	6권 10쪽
圖	그림 도	5권 72쪽
度	법도 도	6권 100쪽
讀	읽을 독	6권 60쪽
童	아이 동	5권 24쪽
頭	머리 두	5권 36쪽
等	무리 등	5권 48쪽

ㄹ

樂	즐길 락	5권 82쪽
例	법식 례	6권 96쪽
禮	예도 례	6권 92쪽
路	길 로	6권 38쪽
綠	푸를 록	6권 24쪽
理	다스릴 리	4권 62쪽
李	오얏 리	5권 100쪽
利	이로울 리	6권 72쪽

ㅁ

明	밝을 명	4권 22쪽
目	눈 목	5권 38쪽
聞	들을 문	6권 58쪽
美	아름다울 미	5권 120쪽
米	쌀 미	4권 92쪽

ㅂ

朴	성씨 박	5권 98쪽
班	나눌 반	4권 12쪽
反	돌이킬 반	6권 8쪽
半	반 반	4권 10쪽
發	필 발	6권 44쪽
放	놓을 방	6권 34쪽
番	차례 번	6권 108쪽
別	다를 별	6권 76쪽
病	병 병	6권 120쪽

服	옷 복	5권 70쪽
本	근본 본	5권 46쪽
部	떼 부	4권 14쪽
分	나눌 분	4권 16쪽

ㅅ

社	모일 사	5권 12쪽
死	죽을 사	6권 122쪽
使	하여금 사	5권 104쪽
書	글 서	6권 62쪽
石	돌 석	4권 56쪽
席	자리 석	4권 96쪽
線	줄 선	5권 96쪽
雪	눈 설	5권 62쪽
省	살필 성	6권 12쪽
成	이룰 성	4권 38쪽
消	사라질 소	4권 44쪽
速	빠를 속	4권 74쪽
孫	손자 손	5권 26쪽
樹	나무 수	6권 28쪽
術	재주 술	5권 122쪽
習	익힐 습	6권 64쪽
勝	이길 승	6권 70쪽
始	비로소 시	4권 86쪽
式	법 식	6권 98쪽
神	귀신 신	5권 124쪽
身	몸 신	5권 32쪽
信	믿을 신	4권 36쪽
新	새 신	6권 56쪽
失	잃을 실	4권 46쪽

ㅇ

愛	사랑 애	6권 84쪽
野	들 야	4권 110쪽
夜	밤 야	4권 28쪽
藥	약 약	6권 118쪽
弱	약할 약	4권 122쪽
陽	볕 양	5권 58쪽
洋	큰 바다 양	4권 108쪽
言	말씀 언	4권 32쪽
業	업 업	5권 16쪽
永	길 영	4권 104쪽
英	꽃부리 영	5권 116쪽
溫	따뜻할 온	5권 60쪽
勇	날랠 용	4권 124쪽
用	쓸 용	5권 106쪽
運	옮길 운	5권 88쪽
園	동산 원	5권 110쪽
遠	멀 원	4권 106쪽
油	기름 유	4권 58쪽
由	말미암을 유	4권 64쪽
銀	은 은	4권 60쪽
飮	마실 음	4권 94쪽
音	소리 음	5권 80쪽
衣	옷 의	5권 68쪽
醫	의원 의	6권 116쪽
意	뜻 의	6권 94쪽

ㅈ

者	놈 자	5권 40쪽
昨	어제 작	4권 80쪽
作	지을 작	4권 88쪽
章	글 장	5권 22쪽
在	있을 재	4권 48쪽
才	재주 재	5권 118쪽
戰	싸움 전	6권 68쪽
定	정할 정	4권 98쪽
庭	뜰 정	5권 108쪽

題	제목 제	6권 106쪽
第	차례 제	6권 112쪽
朝	아침 조	4권 24쪽
族	겨레 족	6권 88쪽
晝	낮 주	4권 26쪽
注	부을 주	6권 124쪽
集	모을 집	6권 48쪽

ㅊ

窓	창 창	5권 112쪽
淸	맑을 청	6권 22쪽
體	몸 체	5권 34쪽
親	친할 친	6권 86쪽

ㅌ

太	클 태	5권 56쪽
通	통할 통	6권 36쪽
特	특별할 특	6권 74쪽

ㅍ

表	겉 표	6권 46쪽
風	바람 풍	5권 64쪽

ㅎ

合	합할 합	6권 82쪽
行	다닐 행	4권 34쪽
幸	다행 행	5권 86쪽
向	향할 향	5권 76쪽
現	나타날 현	4권 50쪽
形	모양 형	5권 94쪽
號	이름 호	6권 110쪽
畫	그림 화	5권 74쪽
和	화할 화	6권 80쪽
黃	누를 황	6권 20쪽
會	모일 회	5권 14쪽
訓	가르칠 훈	5권 20쪽

1주차

 주간학습계획표

회차	학습내용		학습계획일
01회	各 각각 각		월 일
02회	半 반 반		월 일
03회	班 나눌 반		월 일
04회	部 떼 부		월 일
05회	分 나눌 분		월 일

各

뜻(훈)　　**각각**

소리(음)　**각**

영어　**each 각**

[**각각 각**은 **사람들이 따로따로 도착하는 모습**을 나타낸 한자입니다.]

각이라고 읽으며 각각, 따로따로, 여럿 등의 뜻이 있습니다.

예문 노란색과 주황색 색종이 **각각** 5장씩 주세요.
= 노란색과 주황색 색종이 **따로따로** 5장씩 주세요.

📖 **교과어휘**

① **각각**(各 各) 제각기 따로따로　국어 1·2(가)
　　각각 각 각각 각
② **각자**(各 自) 각각의 자신　국어활동 1-2
　　각각 각 스스로 자
③ **각국**(各 國) 각 나라
　　각각 각 나라 국
④ **각종**(各 種) 여러 종류　국어 4-1(가)
　　각각 각 씨 종
⑤ **각별**(各 別) 어떤 것에 대해 유달리 특별함
　　각각 각 다를 별
⑥ **각지**(各 地) 각 지역　사회 4-1
　　각각 각 땅 지
⑦ **각양각색**(各 樣 各 色) 서로 다른 모양과 빛깔
　　각각 각 모양 양 각각 각 빛 색

1　다음 한자의 뜻(훈)과 소리(음)를 써 보세요.

各　　뜻(훈): ＿＿＿＿＿＿＿＿＿＿　소리(음): ＿＿＿＿＿＿＿＿＿＿

2　다음 뜻에 알맞은 단어를 골라 빈칸에 한글로 써 보세요.

[1] 어떤 것에 대해 유달리 특별함

① 各各　　② 各別
　　　　　　　다를 별

[2] 각 지역

① 各地　　② 各自

3 다음 **각각 각** 한자를 순서대로 써 보세요.

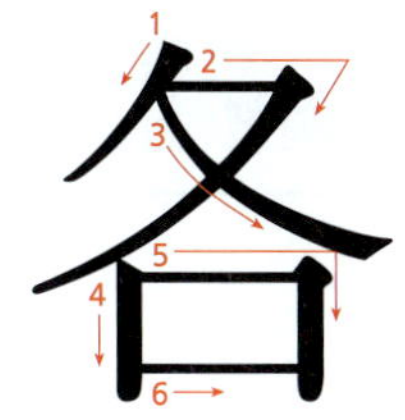

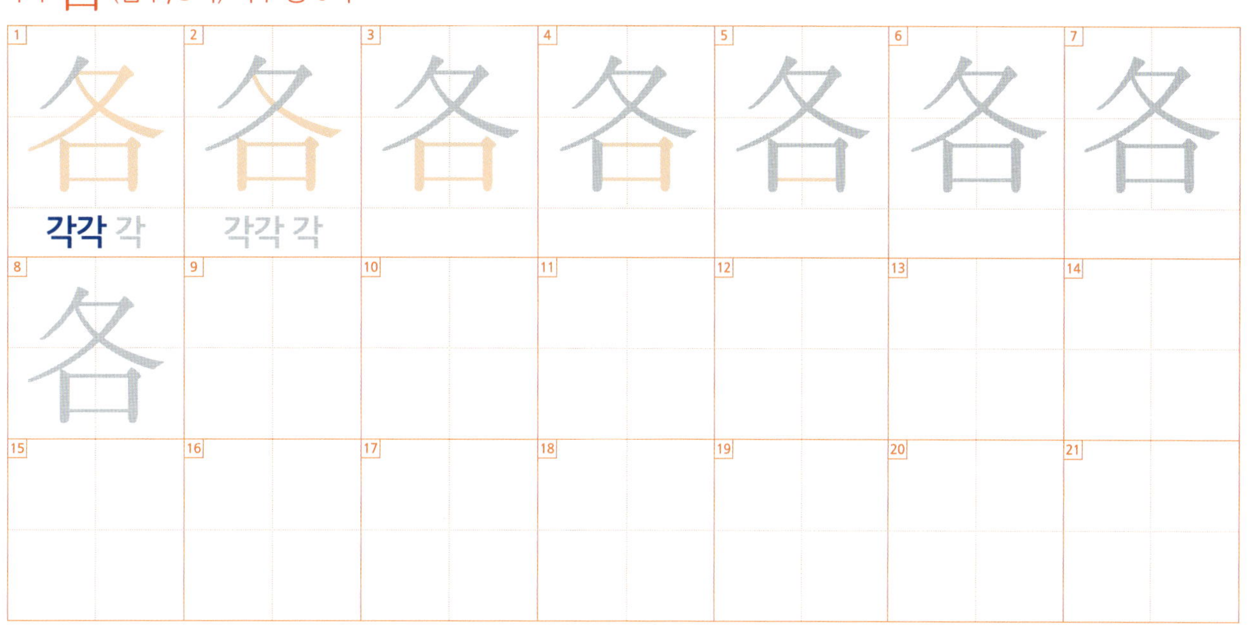

부수 口 (입구, 3획) 획수 총 6획

1	2	3	4	5	6	7
各 각각 각	各 각각 각	各	各	各	各	各

8	9	10	11	12	13	14
各						

15	16	17	18	19	20	21

4 다음 문장 중 빈칸에 들어갈 알맞은 단어를 골라 보세요. ·· [　　　　　]

> 올림픽을 위해 세계 (　　　　)의 선수들이 한자리에 모였다.

① 각각(各各)　　② 각국(各國)　　③ 각자(各自)　　④ 각별(各別)
다를 별

5 다음 낱말 중 各 **각각 각** 한자가 쓰인 단어는 무엇인지 2개 골라 ○표를 해 보세요.

각양각색	각도기	각종	직각
서로 다른 모양과 빛깔	각의 크기를 재는 도구	여러 종류	두 직선이 만나 이룬 90도
(　　　)	(　　　)	(　　　)	(　　　)

🕐 끝난 시간 [　]시 [　]분　**1회 분 푸는 데 걸린 시간** [　]분　📋 **5문제 중** [　]개　3번은 정확히 다 써야 정답입니다.　스스로 붙임딱지 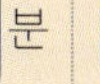

공부한 날 [　] 월 [　] 일
시작 시간 [　] 시 [　] 분

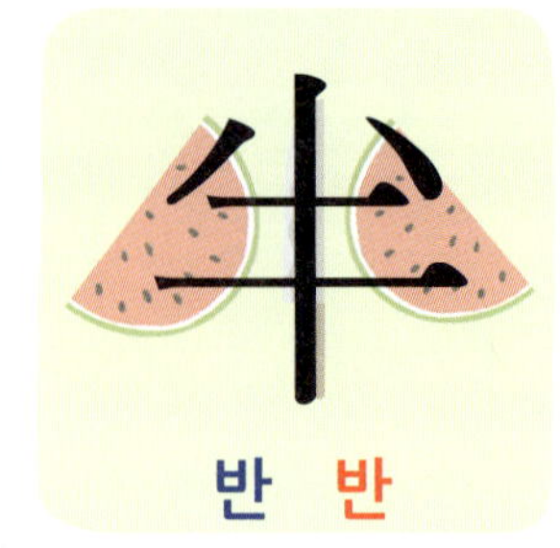

半

뜻(훈)	반
소리(음)	반
영어	half 반

[**半 반**은 **물건을 반으로 똑같이 나누는 모습**을 나타낸 한자입니다.]

반이라고 읽으며 반, 가운데, 똑같이 나눔 등의 뜻이 있습니다.

예문 우리 이 사과를 절반씩 나눠먹자.
= 우리 이 사과를 딱 반씩 나눠먹자.

📖 교과어휘

① **절반**(折 **半**) 하나를 똑같이 반으로 나눔. 또는 똑같이 나눈 그 반쪽 〔사회 3-1〕
　　　 꺾을 절 반 반
② **전반전**(前 **半** 戰) 운동 경기 시간을 반으로 나누었을 때 앞 시간 동안의 경기 〔국어 2-2(나)〕
　　　 앞 전 반 반 싸움 전
③ **상반신**(上 **半** 身) 사람 몸을 반으로 구분했을 때 그 위쪽
　　　 윗 상 반 반 몸 신
④ **반원**(**半** 圓) 원을 절반으로 나눈 한쪽 부분
　　　 반 반 둥글 원
⑤ **반년**(**半** 年) 한 해의 반인 육 개월
　　　 반 반 해 년
⑥ **과반수**(過 **半** 數) 전체의 반이 넘는 수
　　　 지날 과 반 반 셈 수
⑦ **반경**(**半** 徑) 반지름의 다른 말 〔사회 3-1〕
　　　 반 반 지름길 경

---

1 다음 한자의 뜻(훈)과 소리(음)를 써 보세요.

半　뜻(훈): ＿＿＿＿＿＿＿＿＿　소리(음): ＿＿＿＿＿＿＿＿＿

---

2 다음 뜻에 알맞은 단어를 골라 빈칸에 한글로 써 보세요.

[1] 사람 몸을 반으로 구분했을 때 그 위쪽

① 上半身　② 前半戰
　 몸 신　　 싸움 전

[2] 한 해의 반인 육 개월

① 半年　② 半圓
　　　　 둥글 원

3 다음 **반** 반 한자를 순서대로 써 보세요.

부수 十 (열십, 2획) 획수 총 5획

1	2	3	4	5	6	7
반 반	반 반					
8	9	10	11	12	13	14
15	16	17	18	19	20	21

4 다음 문장 중 밑줄 친 글자에 알맞은 한자를 보기에서 찾아 써 보세요.

보기

羊　半　金　全

흥부가 박을 **반**으로 갈랐더니 **금**은보화가 나왔다.

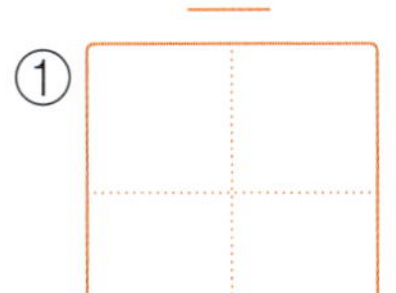 ①  ②

5 다음 낱말 중 半 **반** 반 한자가 쓰인 단어는 무엇인지 2개 골라 ○표를 해 보세요.

반경	과반수	반성	쟁반
반지름의 다른 말	전체의 반이 넘는 수	자신의 잘못에 대해 돌이켜 생각해 봄	높이가 얕고 바닥이 넓적한 그릇
(　　)	(　　)	(　　)	(　　)

끝난 시간 ☐ 시 ☐ 분　1회 분 푸는 데 걸린 시간 ☐ 분　★5문제 중 ☐ 개　3번은 정확히 다 써야 정답입니다.　스스로 붙임딱지 

班

뜻(훈) **나눌**
소리(음) **반**

영어 **group 집단**

[**나눌 반**은 **옥을 반으로 나누는 모습**을 나타낸 한자입니다.]

반이라고 읽으며 나누다, 순서, 집단 등의 뜻이 있습니다.

예문 조선시대에는 **양반**만 과거 시험을 볼 수 있었어.
= 조선시대에는 **신분이 높은 사람**만 과거 시험을 볼 수 있었어.

📖 교과어휘

① **반**장(**班** 長) 반을 대표하는 사람 `국어 5-1(나)`
　　나눌 반 길 장

② **양반**(兩 **班**) 조선시대 때 높은 신분의 사람을 이르는 말 `사회 3-1`
　　두 양 나눌 반

③ **반**원(**班** 員) 한 반을 이루는 사람들
　　나눌 반 인원 원

④ 미술**반**(美 術 **班**) 미술을 가르치는 반. 또는 미술 활동을 하는 학생들로 구성된 반
　　아름다울 미 재주 술 나눌 반

⑤ 연극**반**(演 劇 **班**) 연극 활동을 하는 학생들로 구성된 반
　　펼 연 심할 극 나눌 반

⑥ 방송**반**(放 送 **班**) 학교에서 방송 기기를 이용하여 방송하는 반
　　놓을 방 보낼 송 나눌 반

⑦ 졸업**반**(卒 業 **班**) 졸업하는 학년이나 반
　　마칠 졸 업 업 나눌 반

---

1 다음 한자의 뜻(훈)과 소리(음)를 써 보세요.

班　　뜻(훈): ＿＿＿＿＿＿＿＿　　소리(음): ＿＿＿＿＿＿＿＿

2 다음 뜻에 알맞은 단어를 골라 빈칸에 한글로 써 보세요.

[1] 반을 대표하는 사람

① 班長　　② 兩班
　　　　　　두 양

[2] 학교에서 방송 기기를 이용하여 방송하는 반

① 放送班　　② 演劇班
　놓을 방 보낼 송　　펼 연 심할 극

3 다음 **나눌** **반** 한자를 순서대로 써 보세요.

부수 王 (구슬옥변, 4획) 획수 총 10획

1	2	3	4	5	6	7
班	班	班	班	班	班	班

나눌 반 　나눌 반

8	9	10	11	12	13	14
班	班	班	班	班		

15	16	17	18	19	20	21

4 다음 문장 중 빈칸에 들어갈 알맞은 단어를 골라 보세요. ······························ [　　　　]

나는 그림 그리는 것을 좋아해서 (　　　　)에 들어갔어.

① 미술반(**美術班**)
아름다울 미 재주 술

② 연극반(**演劇班**)
펼 연 심할 극

③ 양반(**兩班**)
두 양

5 다음 낱말 중 班 **나눌** **반** 한자가 쓰인 단어는 무엇인지 2개 골라 ○표를 해 보세요.

일반	졸업반	반원	반찬
보통적인 것. 특별함 없이 전부 고루 해당되는 것	졸업하는 학년이나 반	한 반을 이루는 사람들	밥과 함께 먹는 음식
(　　　)	(　　　)	(　　　)	(　　　)

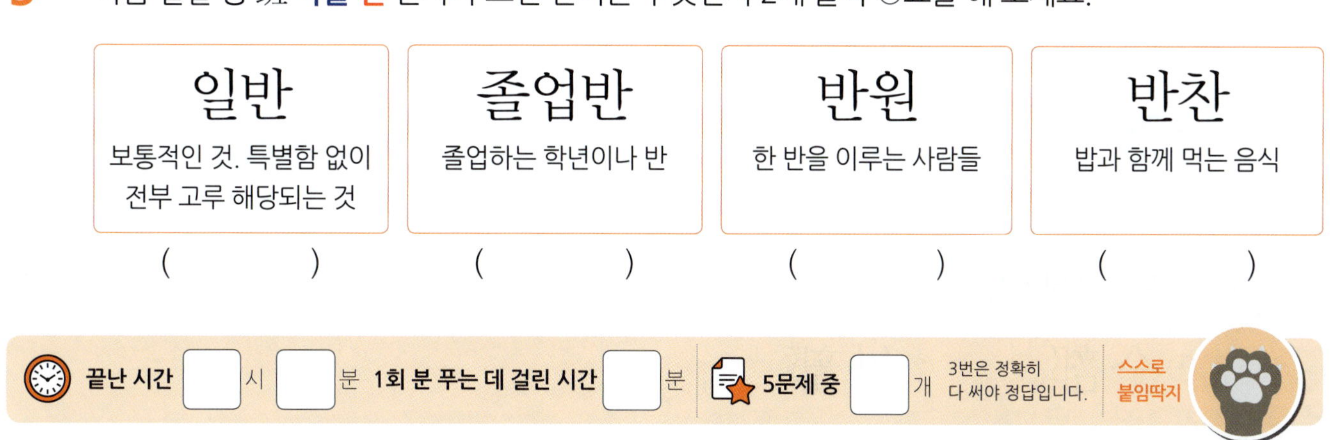

部

뜻(훈)　　때
소리(음)　부

영어　part 부분

[**때 부**는 **이 마을 저 마을을 구분하는 모습**을 나타낸 한자입니다.]

부라고 읽으며 때, 거느리다, 나누다 등의 뜻이 있습니다.

예문　여기 있는 만화책은 **대부분** 오빠 거야.
　　= 여기 있는 만화책은 거의 모두 오빠 거야.

교과어휘

① **부분**(部 分) 전체를 몇으로 나눈 것의 한 덩어리 　국어 1-1(가)
　　때 부 나눌 분
② **대부분**(大 部 分) 반이 훨씬 넘게 거의 모두 　가을 2-2
　　큰 대 때 부 나눌 분
③ **전부**(全 部) 하나도 빠짐없이 모두 　국어 2-2(가)
　　온전 전 때 부
④ **부하**(部 下) 다른 사람의 밑에서 명령을 따르는 사람 　국어 6-1(나)
　　때 부 아래 하
⑤ **일부**(一 部) 전체 중 어느 한 부분 　국어 3-1(가)
　　한 일 때 부
⑥ **부품**(部 品) 하나의 기계나 장치를 구성하는 물품
　　때 부 물건 품
⑦ **외부**(外 部) 어떤 것의 바깥쪽 　국어 4-2(가)
　　바깥 외 때 부

1　다음 한자의 뜻(훈)과 소리(음)를 써 보세요.

部　　뜻(훈): ______________　　소리(음): ______________

2　다음 뜻에 알맞은 단어를 골라 빈칸에 한글로 써 보세요.

[1] 전체를 몇으로 나눈 것의 한 덩어리

① 部分
　　나눌 분
② 部下

[2] 어떤 것의 바깥쪽

① 全部

② 外部

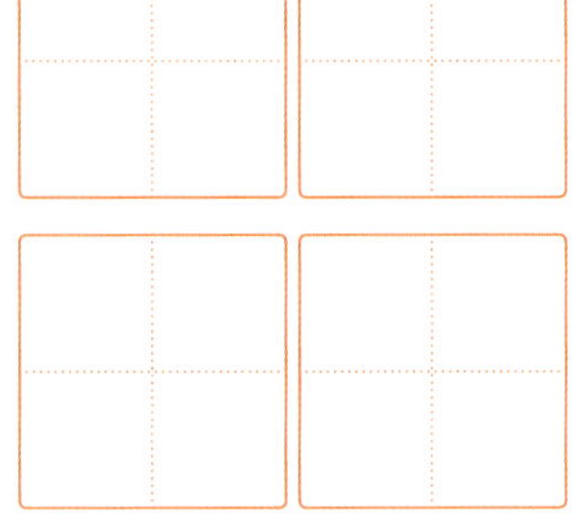

3 다음 **떼 부** 한자를 순서대로 써 보세요.

부수 阝(우부방, 3획) 획수 총 11획

4 다음 문장 중 밑줄 친 한자의 음(音)을 써 보세요.

> 배가 고파서 집에 있는 간식을 <u>全部</u> 다 먹어버렸어.
>
> (   )

5 다음 낱말 중 部 **떼 부** 한자가 쓰인 단어는 무엇인지 2개 골라 ○표를 해 보세요.

일부	부모	부자	부품
전체 중 어느 한 부분	아버지와 어머니	재산이 넉넉한 사람	하나의 기계나 장치를 구성하는 물품
( )	( )	( )	( )

끝난 시간 [ ]시 [ ]분 1회 분 푸는 데 걸린 시간 [ ]분 5문제 중 [ ]개 3번은 정확히 다 써야 정답입니다. 스스로 붙임딱지

공부한 날 [　]월 [　]일
시작 시간 [　]시 [　]분

分

뜻(훈) **나눌**
소리(음) **분**

영어 **seperate 나누다**

[**나눌 분**은 **물건을 반으로 나눈 모습**을 나타낸 한자입니다.]

분이라고 읽으며 나누다, 구별하다, 헤어지다 등의 뜻이 있습니다.

예문 붙어있는 자석을 서로 **분리**하는 건 정말 어려워.
= 붙어있는 자석을 서로 **떨어뜨리는** 건 정말 어려워.

📖 교과어휘

① **구분**(區 **分**) 기준에 따라 전체를 몇 가지로 가름 _{가을 1-2}
　구분할 구 나눌 분
② **분리**(**分** 離) 서로 나누어지거나 떨어지게 함 _{국어 3-1(나)}
　나눌 분 떠날 리
③ **분야**(**分** 野) 여러 갈래로 나눈 범위 _{국어 3-1(가)}
　나눌 분 들 야
④ **기분**(氣 **分**) 마음에 생기는 감정 _{국어 1-1(가)}
　기운 기 나눌 분
⑤ **분석**(**分** 析) 어떤 대상을 다양한 각도에서 논리적으로 살핌 _{사회 4-1}
　나눌 분 쪼갤 석
⑥ **분명**(**分** 明) 확실하게 _{국어활동 1-2}
　나눌 분 밝을 명
⑦ **충분**(充 **分**) 모자라지 않고 넉넉함 _{국어활동 3-1}
　채울 충 나눌 분

1　다음 한자의 뜻(훈)과 소리(음)를 써 보세요.

分　뜻(훈): ＿＿＿＿＿＿＿＿　소리(음): ＿＿＿＿＿＿＿＿

2　다음 뜻에 알맞은 단어를 골라 빈칸에 한글로 써 보세요.

[1] 서로 나누어지거나 떨어지게 함

①分離　②分明
　떠날 리　　밝을 명

[2] 어떤 대상을 다양한 각도에서 논리적으로 살핌

①分析　②充分
　쪼갤 석　　채울 충

3 다음 **나눌** 분 한자를 순서대로 써 보세요.

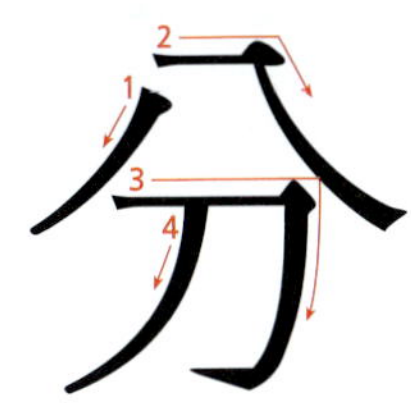

分 分 分 分

부수 **刀** (칼도, 2획) 획수 총 4획

1	2	3	4	5	6	7
分	分	分	分	分	分	
나눌 분	나눌 분					

8	9	10	11	12	13	14

15	16	17	18	19	20	21

4 다음 문장 중 빈칸에 들어갈 알맞은 단어를 골라 보세요. ·································· [   ]

> 서윤이는 시험에서 100점을 맞고 (   )이/가 좋아서 활짝 웃었다.

① 기분(氣分)　　　② 분명(分明)　　　③ 분야(分野)　　　④ 충분(充分)
밝을 명　　　　　들 야　　　　　채울 충

5 다음 낱말 중 分 **나눌** 분 한자가 쓰인 단어는 무엇인지 2개 골라 ○표를 해 보세요.

구분	분필	분야	분홍
기준에 따라 전체를 몇 가지로 가름	칠판에 쓸 수 있도록 만든 필기구	여러 갈래로 나눈 범위	흰색이 섞인 붉은색
( )	( )	( )	( )

끝난 시간 [   ]시 [   ]분 1회 분 푸는 데 걸린 시간 [   ]분 5문제 중 [   ]개 3번은 정확히 다 써야 정답입니다. 스스로 붙임딱지 

1주차 **복습해보기** 한 주 동안 익혔던 한자들을 한 번 더 공부해 볼까요?

● 다음 설명에 맞는 한자에 동그라미 쳐보세요.

예시 　一 과 **음(音)**이 같은 한자

1 班 과 **음(音)**이 같은 한자

2 分 과 **뜻**이 같은 한자

3 部 와 **음(音)**이 같은 한자

2주차

 주간학습계획표

회차	학습내용	학습계획일
06회	光 빛 광	월 일
07회	明 밝을 명	월 일
08회	朝 아침 조	월 일
09회	晝 낮 주	월 일
10회	夜 밤 야	월 일

공부한 날 [ ]월 [ ]일
시작 시간 [ ]시 [ ]분

光

뜻(훈)　빛
소리(음)　광

영어　light 빛

[빛 광은 **사람이 횃불을 들고 있는 모습**을 나타낸 한자입니다.]

광이라고 읽으며 빛, 빛나다 등의 뜻이 있습니다.

예문　이건 야광 스티커야.
　　　= 이건 어두운 곳에서도 빛나는 스티커야.

교과어휘

① **야광**(夜 光) 밤이나 어두운 곳에서도 빛을 냄
　　　밤 야　빛 광

② **관광**(觀 光) 다른 지역이나 지방을 구경하고 즐김 　사회 3-1
　　　볼 관　빛 광

③ **광복절**(光 復 節) 8월 15일. 우리나라가 일본으로부터 해방된 것을 기념하는 국경일
　　　빛 광 회복할 복 마디 절

④ **광경**(光 景) 어떤 일이 벌어져 있는 모습 　국어활동 2-2
　　　빛 광 볕 경

⑤ **영광**(榮 光) 빛나는 영예
　　　영화 영 빛 광

⑥ **태양광**(太 陽 光) 태양이 내는 빛 　국어 4-1(가)
　　　클 태 볕 양 빛 광

⑦ **광주**(光 州) 전라남도 가운데에 위치한 광역시 　사회 4-1
　　　빛 광 고을 주

* 영예 : 영광스럽고 훌륭한 명예

---

1 다음 한자의 뜻(훈)과 소리(음)를 써 보세요.

光　　뜻(훈): ___________　　소리(음): ___________

2 다음 뜻에 알맞은 단어를 골라 빈칸에 한글로 써 보세요.

[1] 빛나는 영예

① 夜光　　② 榮光
　밤 야　　　영화 영

[2] 다른 지역이나 지방을 구경하고 즐김

① 觀光　　② 光州
　볼 관　　　고을 주

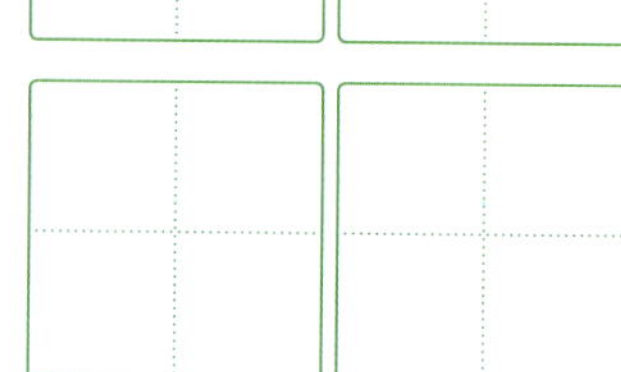

3 다음 **빛 광** 한자를 순서대로 써 보세요.

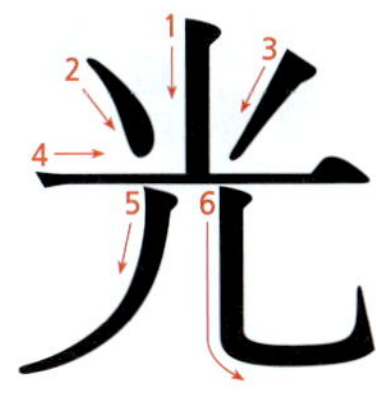

光 光 光 光 光 光

부수 儿 (어진사람인발, 2획) 획수 총 6획

1	2	3	4	5	6	7
光 **빛** 광	光 빛 광	光	光	光	光	光
8	9	10	11	12	13	14
光						
15	16	17	18	19	20	21

4 다음 문장 중 밑줄 친 글자에 알맞은 한자를 보기에서 찾아 써 보세요.

보기

光 尤 逐 家

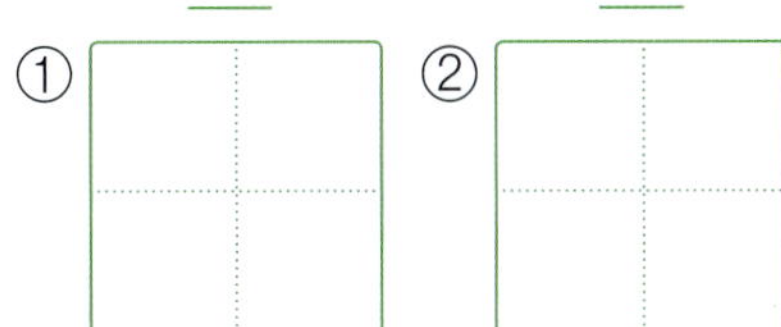

빛나는 전구가 **집**을 밝혀주고 있어.

① ☐ ② ☐

5 다음 낱말 중 光 **빛 광** 한자가 쓰인 단어는 무엇인지 2개 골라 ○표를 해 보세요.

광복절 우리나라의 해방을 기념하는 국경일	태양광 태양이 내는 빛	열광 크게 기쁘거나 신나서 굉장히 날뜀	광산 광물을 캐는 곳
(　　　)	(　　　)	(　　　)	(　　　)

끝난 시간 ☐ 시 ☐ 분 **1회 분 푸는 데 걸린 시간** ☐ 분 **5문제 중** ☐ 개 3번은 정확히 다 써야 정답입니다. 스스로 붙임딱지

공부한 날 [ ] 월 [ ] 일
시작 시간 [ ] 시 [ ] 분

明

뜻(훈) 밝을
소리(음) 명
영어 bright 밝다

[**밝을 명**은 **해와 달의 모양**을 나타낸 한자입니다.]

명이라고 읽으며 밝다, 밝히다 등의 뜻이 있습니다.

예문 계곡 물이 투명해서 물고기가 다 보인다.
= 계곡 물이 속까지 비쳐 보여서 물고기가 다 보인다.

📖 교과어휘

① **조명**(照 明) 빛을 이용하여 밝게 비춤 국어 4·1(가)
　　비출 조 밝을 명
② **명확**(明 確) 아주 뚜렷하고 분명함 국어 2·2(나)
　　밝을 명 굳을 확
③ **투명**(透 明) 속까지 비치어 보임 국어활동 1·1
　　사무칠 투 밝을 명
④ **설명**(說 明) 상대가 무언가를 잘 이해할 수 있도록 차근차근 쉽게 말함 국어 1·1(나)
　　말씀 설 밝을 명
⑤ **증명**(證 明) 증거를 들어서 사실임을 밝힘 국어 4·2(가)
　　증거 증 밝을 명
⑥ **변명**(辨 明) 잘못에 대하여 이런저런 이유를 말함 국어 4·2(나)
　　분별할 변 밝을 명
⑦ **발명**(發 明) 이전에 없던 것을 새롭게 만들어 냄 국어 2·1(나)
　　필 발 밝을 명

---

1 다음 한자의 뜻(훈)과 소리(음)를 써 보세요.

明　　뜻(훈): _______________　　소리(음): _______________

2 다음 뜻에 알맞은 단어를 골라 빈칸에 한글로 써 보세요.

[1] 아주 뚜렷하고 분명함

　① 發明　　② 明確
　　필 발　　　굳을 확

[2] 빛을 이용하여 밝게 비춤

　① 照明　　② 說明
　　비출 조　　말씀 설

3 다음 **밝을 명** 한자를 순서대로 써 보세요.

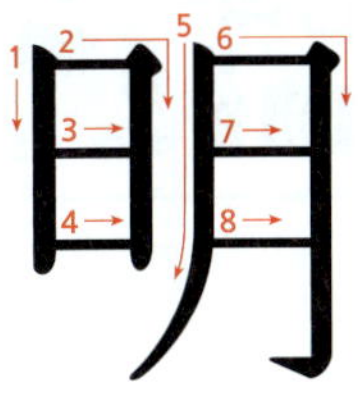

부수 日 (날일, 4획) 획수 총 8획

明 **밝을** 명	明 밝을 명	明	明	明	明	明
明	明	明				

4 다음 문장 중 빈칸에 들어갈 알맞은 단어를 골라 보세요. ·········· [　　　　]

> 장영실은 조선시대 때 물시계를 (　　　)했다.

① 증명(證明)　　　　② 발명(發明)　　　　③ 변명(辨明)
　증거 증　　　　　　　필 발　　　　　　분별할 변

5 다음 낱말 중 明 **밝을 명** 한자가 쓰인 단어는 무엇인지 2개 골라 ○표를 해 보세요.

별명	명함	투명	설명
본명 대신에 부르는 이름	이름이나 연락처, 직업 등을 적은 작은 종이	속까지 비치어 보임	무언가를 잘 이해할 수 있도록 쉽게 말함
(　　)	(　　)	(　　)	(　　)

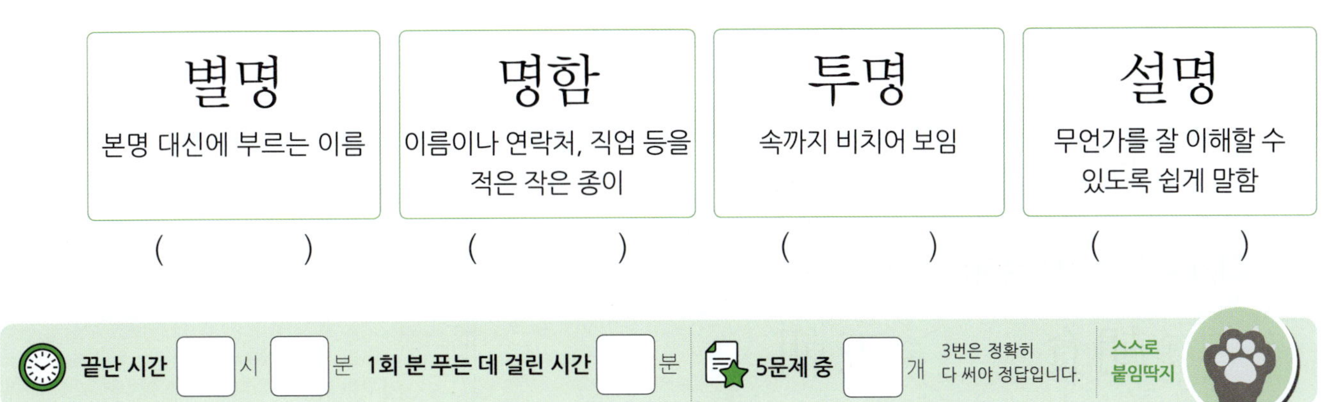

朝

뜻(훈)　아침
소리(음)　조
영어　morning 아침

아침

아침　조

아침　조

[**아침 조**는 **해와 달이 함께 떠 있는 이른 아침**을 나타낸 한자입니다.]

조라고 읽으며 아침, 처음 등의 뜻이 있습니다.

예문 오늘의 **조식**은 빵이다.
　　= 오늘의 **아침밥**은 빵이다.

교과어휘

① **고조선**(古 朝 鮮) 단군이 세운 우리나라 최초의 국가
　　　옛 고 아침 조 고울 선
② **조선**(朝 鮮) 고려 이후 이성계가 세운 나라　국어 3-1(가)
　　아침 조 고울 선
③ **왕조**(王 朝) 같은 왕가에 속하는 왕들의 계통. 또는 같은 왕가가 다스리는 동안　국어활동 4-2
　　임금 왕 아침 조
④ **조정**(朝 廷) 임금과 신하가 나라의 일을 의논하던 곳　국어 4-2(나)
　　아침 조 조정 정
⑤ **조식**(朝 食) 아침에 먹는 밥
　　아침 조 밥 식
⑥ **조석**(朝 夕) 아침과 저녁
　　아침 조 저녁 석

1　다음 한자의 뜻(훈)과 소리(음)를 써 보세요.

朝　　뜻(훈): ________________　　소리(음): ________________

2　다음 뜻에 알맞은 단어를 골라 빈칸에 한글로 써 보세요.

[1] 고려 이후 이성계가 세운 나라

① 朝夕　　② 朝鮮
　　　　　　　고울 선

[2] 같은 왕가에 속하는 왕들의 계통

① 朝食　　② 王朝

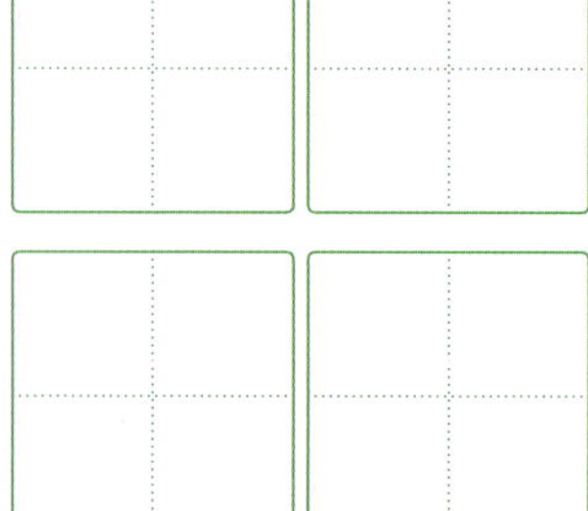

3 다음 **아침 조** 한자를 순서대로 써 보세요.

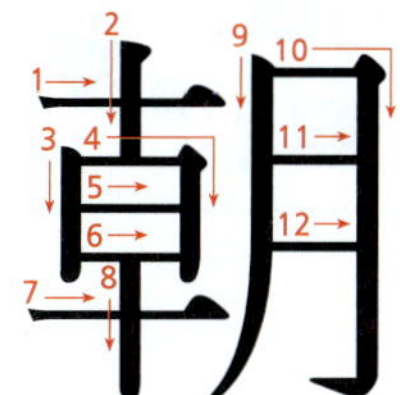

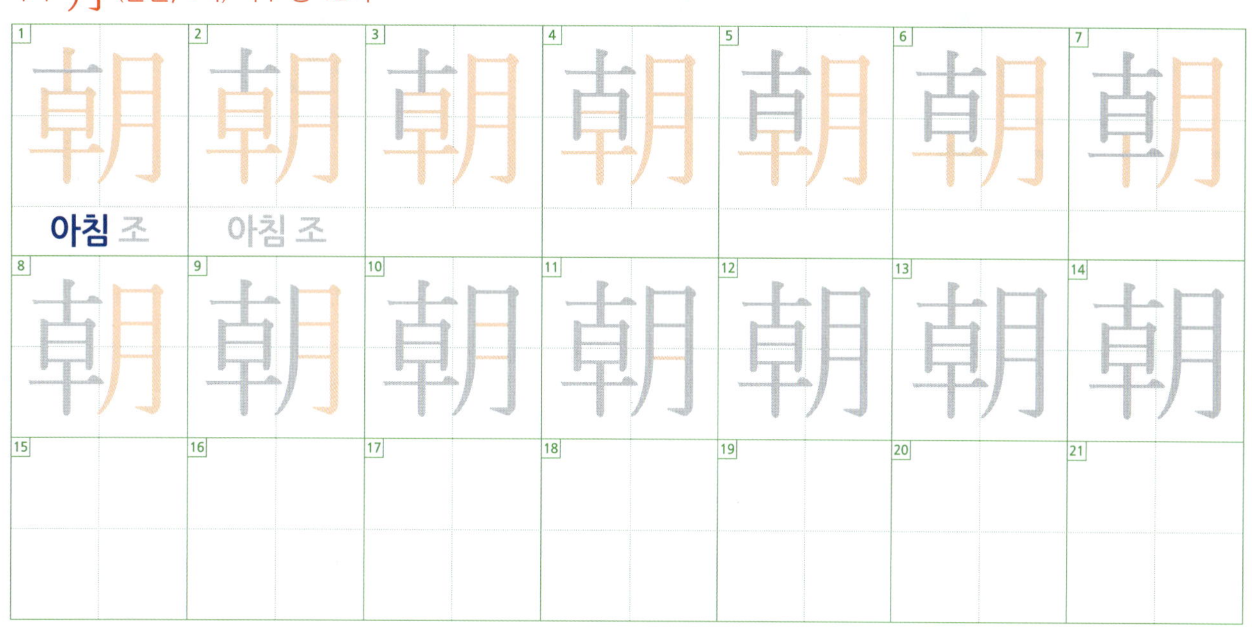

부수 **月** (달월, 4획) 획수 총 12획

1	2	3	4	5	6	7
朝	朝	朝	朝	朝	朝	朝
아침 조	아침 조					

8	9	10	11	12	13	14
朝	朝	朝	朝	朝	朝	朝

15	16	17	18	19	20	21

4 다음 문장 중 밑줄 친 글자에 알맞은 한자를 보기에서 찾아 써 보세요.

보기

朝　潮　日　目　明　月

아침에 **해**가 뜨니 방 안이 **밝아**졌어.

① ☐　② ☐　③ ☐

5 다음 낱말 중 朝 **아침 조** 한자가 쓰인 단어는 무엇인지 2개 골라 ○표를 해 보세요.

조상	조정	강조	고조선
같은 민족이나 혈연의 이미 돌아가신 어른들	임금과 신하가 나라의 일을 의논하던 곳	어떤 부분을 특히 강하고 두드러지게 함	단군이 세운 우리나라 최초의 국가
(　　)	(　　)	(　　)	(　　)

끝난 시간 ☐시 ☐분 **1회 분 푸는 데 걸린 시간** ☐분　**5문제 중** ☐개　3번은 정확히 다 써야 정답입니다.　**스스로 붙임딱지**

공부한 날 [ ]월 [ ]일
시작 시간 [ ]시 [ ]분

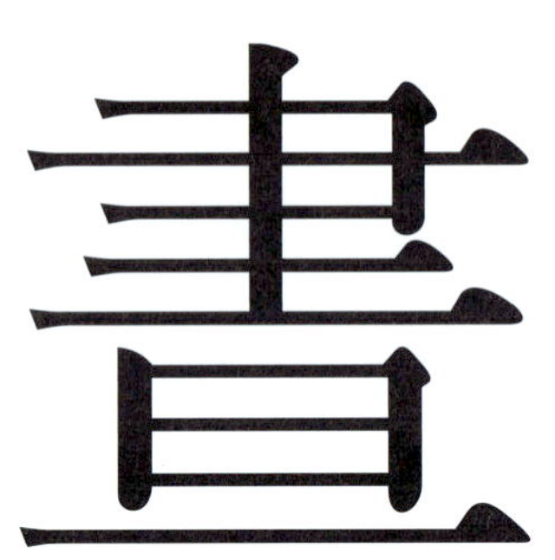

畫

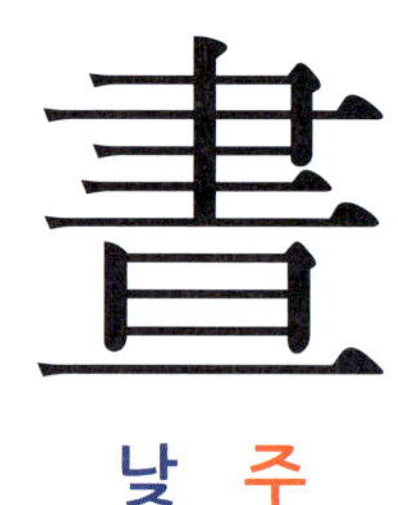

뜻(훈)	낮
소리(음)	주
영어	daytime 낮

[**낮 주**는 **해가 떠 있어 공부하기 좋은 낮의 모습**을 나타낸 한자입니다.]

주라고 읽으며 낮, 정오 등의 뜻이 있습니다.

예문 세종대왕은 **불철주야**로 한글을 연구했다.
= 세종대왕은 밤낮을 가리지 않고 한글을 연구했다.

📖 교과어휘

① **주야**(畫 夜) 낮과 밤
　　　낮주 밤 아
② **주간**(畫 間) 낮 동안
　　　낮주 사이 간
③ **백주**(白 畫) 밝은 대낮
　　　흰 백 낮 주
④ **주야장천**(畫 夜 長 川) 밤낮으로 쉬지 않고 흐르는 시냇물. 밤낮으로 쉬지 않고 계속해서 노력함
　　　낮주 밤 아 길 장 내 천
⑤ **불철주야**(不 撤 畫 夜) 밤낮을 가리지 않고 어떤 일에 쉼 없이 몰두함
　　　아닐 불 거둘 철 낮 주 밤 아
⑥ **주경야독**(畫 耕 夜 讀) 낮에는 농사를 짓고 밤에는 책을 읽음. 어려운 여건에도 포기하지 않고 공부함
　　　낮주 밭 갈 경 밤 아 읽을 독

---

1 다음 한자의 뜻(훈)과 소리(음)를 써 보세요.

畫　　뜻(훈): ______________　　소리(음): ______________

---

2 다음 뜻에 알맞은 단어를 골라 빈칸에 한글로 써 보세요.

[1] 밝은 대낮

① 白畫　　② 畫間

[2] 밤낮으로 쉬지 않고 계속해서 노력함

① 畫夜長川　　② 畫耕夜讀
　　　밤 야　　　밭갈 경 읽을 독

3 다음 **낮 주** 한자를 순서대로 써 보세요.

부수 日 (날일, 4획) 획수 총 11획

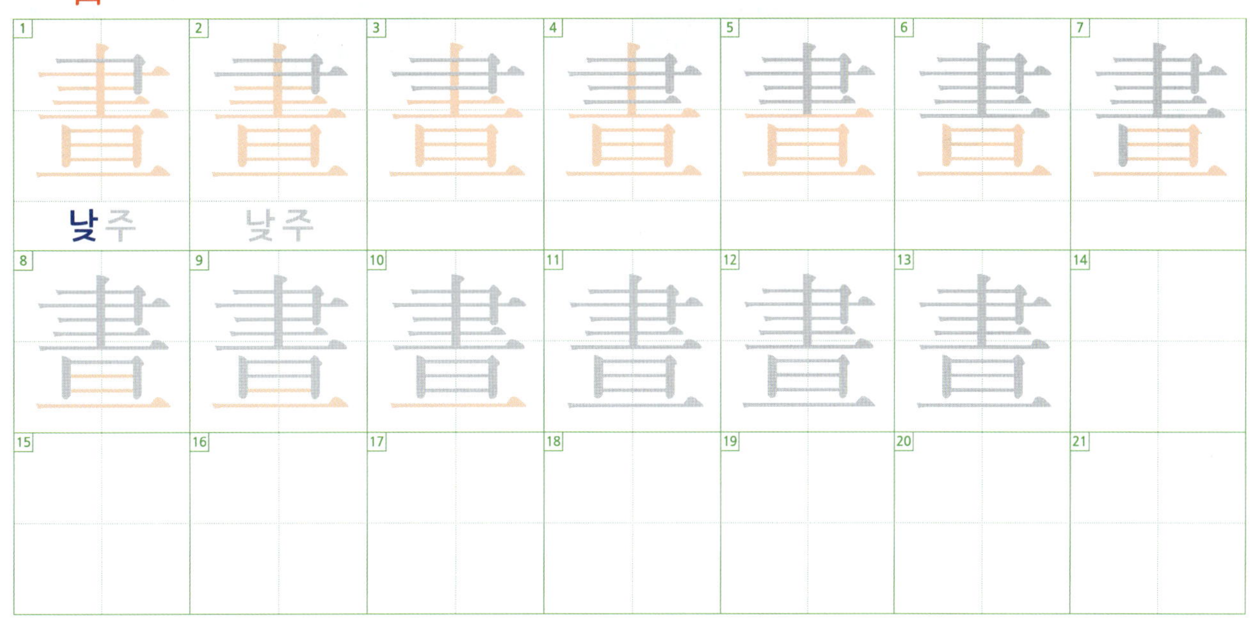

4 다음 문장 중 밑줄 친 글자에 알맞은 한자를 보기에서 찾아 써 보세요.

보기

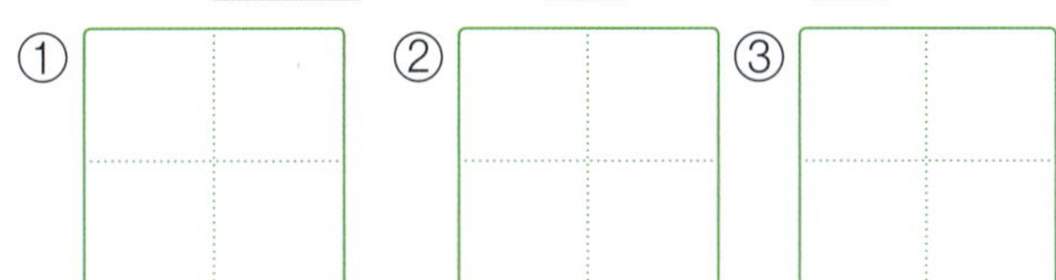

分　刀　晝　畫　于　半

빵을 **나눠**서 반은 **낮**에 먹고 **반**은 밤에 먹을 거야.

① ② ③

5 다음 낱말 중 晝 **낮 주** 한자가 쓰인 단어는 무엇인지 2개 골라 ○표를 해 보세요.

거주	불철주야	주택	주야
어떤 곳에 삶	밤낮을 가리지 않고 쉼 없이 몰두함	따로 한 채씩 사람이 살 수 있도록 지은 집	낮과 밤
(　　)	(　　)	(　　)	(　　)

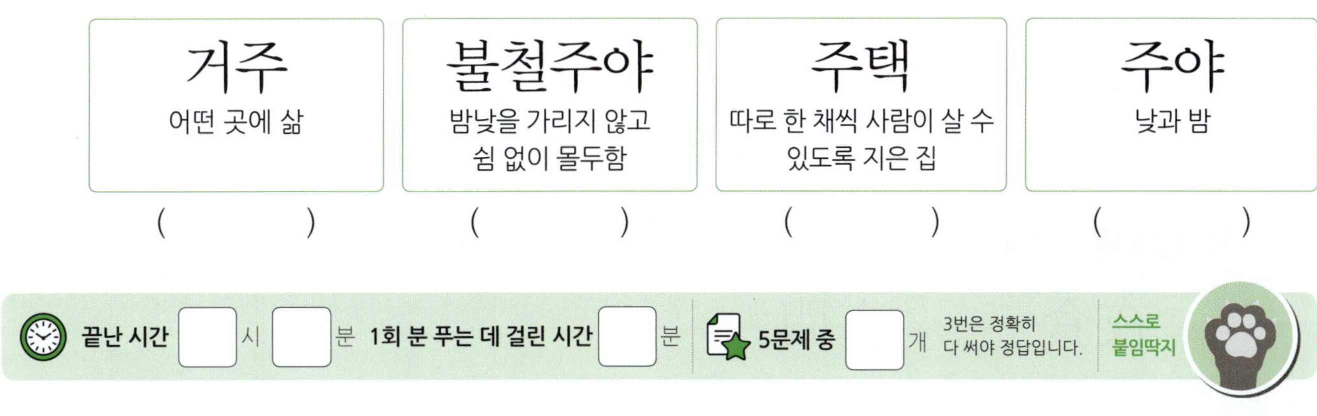

끝난 시간 ☐ 시 ☐ 분　1회 분 푸는 데 걸린 시간 ☐ 분　5문제 중 ☐ 개　3번은 정확히 다 써야 정답입니다.　스스로 붙임딱지

밤 야

밤 야

夜

뜻(훈)　밤
소리(음)　야
영어　night 밤

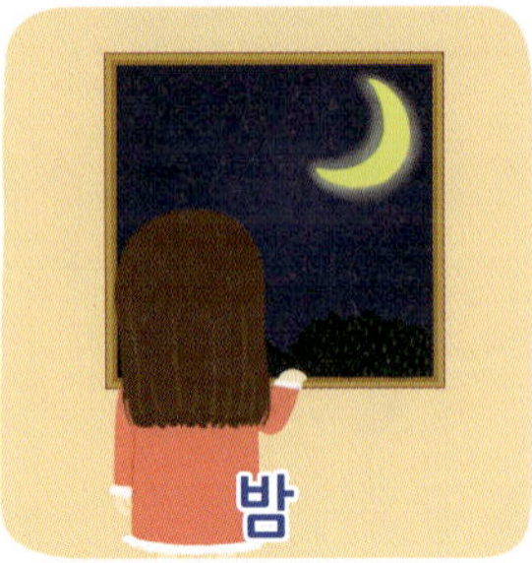

[**밤 야**는 **달빛만 보이는 깜깜한 밤의 모양**을 보고 만들었습니다.]

야라고 읽으며 밤, 저녁 등의 뜻이 있습니다.

예문　올빼미는 **야행성** 동물이다.
　　= 올빼미는 주로 밤에 활동하는 동물이다.

📖 **교과어휘**

① **야경**(夜 景) 밤에 보는 경치
　　밤 야　볕 경
② **야식**(夜 食) 밤에 먹는 음식
　　밤 야　밥 식
③ **열대야**(熱 帶 夜) 기온이 25℃가 넘는 더운 밤
　　더울 열 띠 대　밤 야
④ **야간**(夜 間) 밤 동안
　　밤 야　사이 간
⑤ **야광**(夜 光) 밤이나 어두운 곳에서도 빛을 냄
　　밤 야　빛 광
⑥ **야행성**(夜 行 性) 주로 밤에 활동함
　　밤 야　다닐 행　성품 성
⑦ **야시장**(夜 市 場) 밤에 여는 시장
　　밤 야　저자 시　마당 장

1 다음 한자의 뜻(훈)과 소리(음)를 써 보세요.

夜　　뜻(훈): ＿＿＿＿＿＿＿＿＿＿　소리(음): ＿＿＿＿＿＿＿＿＿＿

2 다음 뜻에 알맞은 단어를 골라 빈칸에 한글로 써 보세요.

[1] 밤에 여는 시장

①夜行性　②夜市場
　다닐 행　성품 성

[2] 밤에 먹는 음식

①夜食　②夜間

3 다음 **밤 야** 한자를 순서대로 써 보세요.

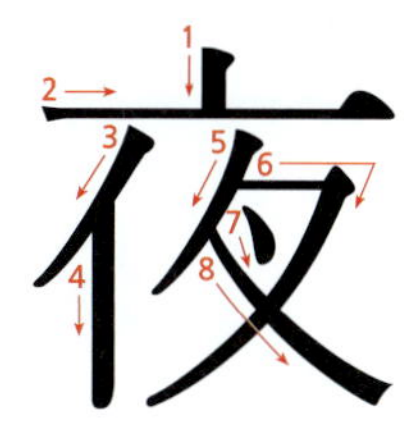

부수 夕 (저녁석, 3획) 획수 총 8획

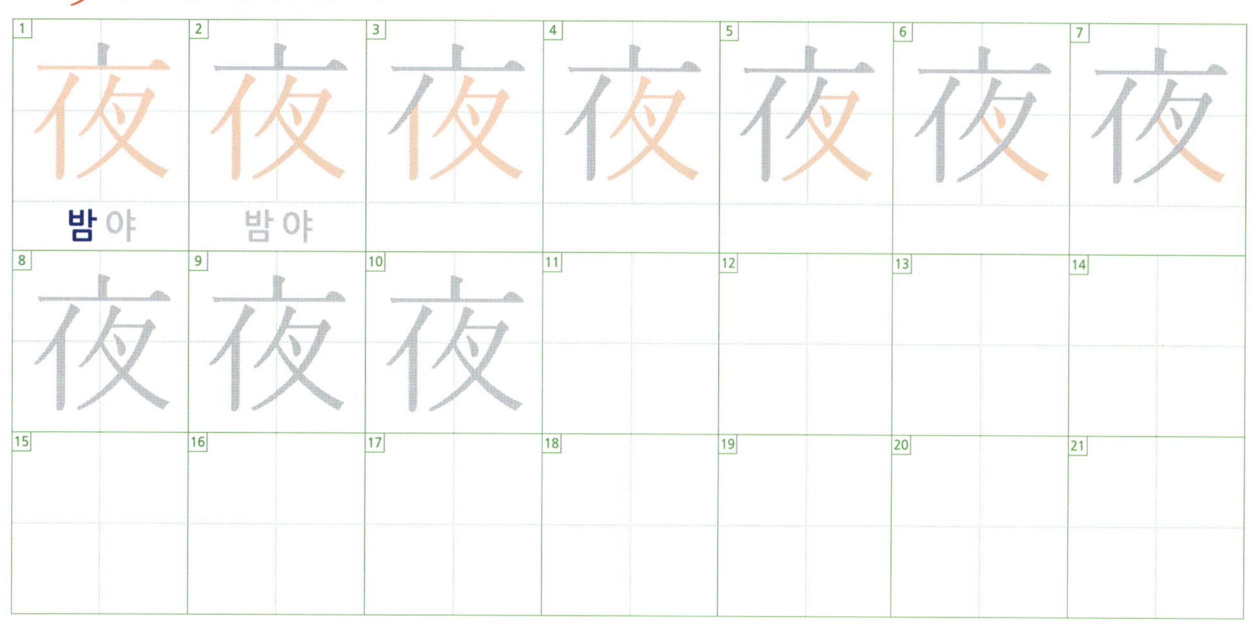

4 다음 문장 중 밑줄 친 글자에 알맞은 한자를 보기에서 찾아 써 보세요.

보기
液　夜　祖　租

성탄절 **밤**이 되면 산타 **할아버지**가 선물을 두고 가신대.

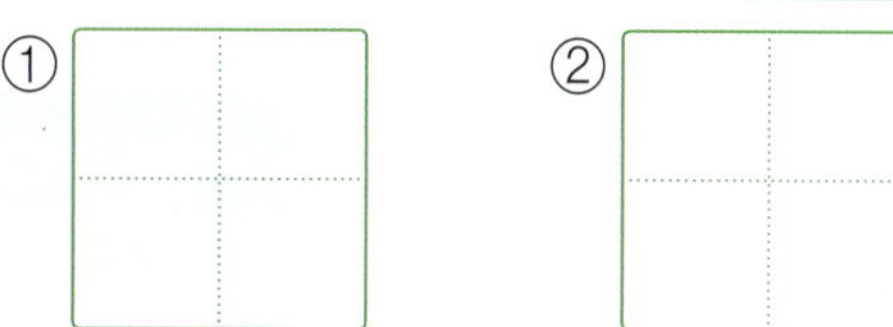

① ②

5 다음 낱말 중 夜 **밤 야** 한자가 쓰인 단어는 무엇인지 2개 골라 ○표를 해 보세요.

분야	야생화	열대야	야경
여러 갈래로 나눈 범위	산 또는 들에서 저절로 피는 꽃	기온이 25℃가 넘는 더운 밤	밤에 보는 경치
( )	( )	( )	( )

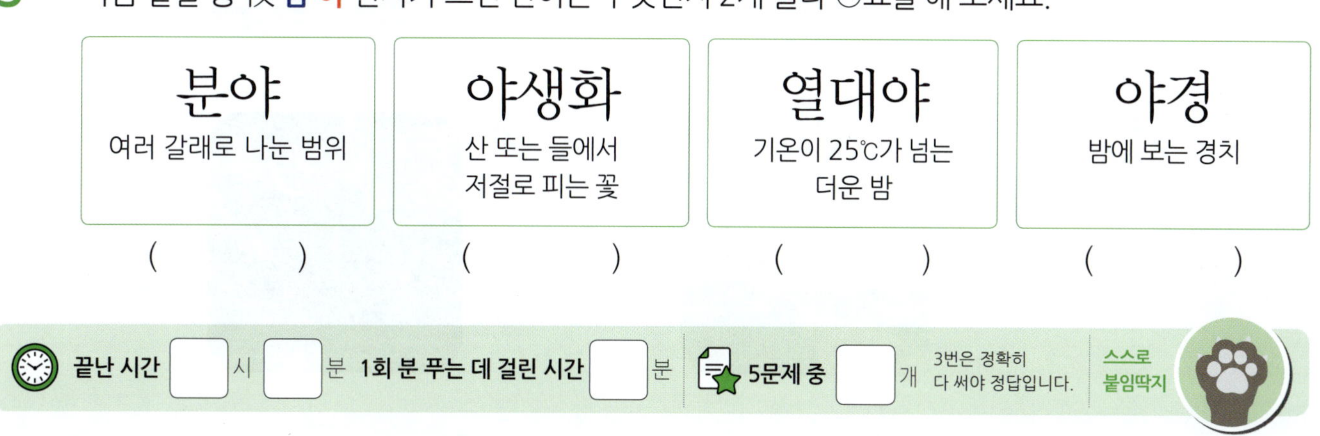

● 다음 한자의 뜻에 알맞은 그림을 골라 보세요.

1 光

① 　② ✓ 

2 明

① 　② 

3 朝

① 　② 

4 晝

① 　② 

5 夜

① 　② 

3주차

 **주간학습계획표**

회차	학습내용		학습계획일	
11회	言 **말씀 언**		☐ 월	☐ 일
12회	行 **다닐 행**		☐ 월	☐ 일
13회	信 **믿을 신**		☐ 월	☐ 일
14회	成 **이룰 성**		☐ 월	☐ 일
15회	功 **공 공**		☐ 월	☐ 일

공부한 날 [　] 월 [　] 일
시작 시간 [　] 시 [　] 분

言

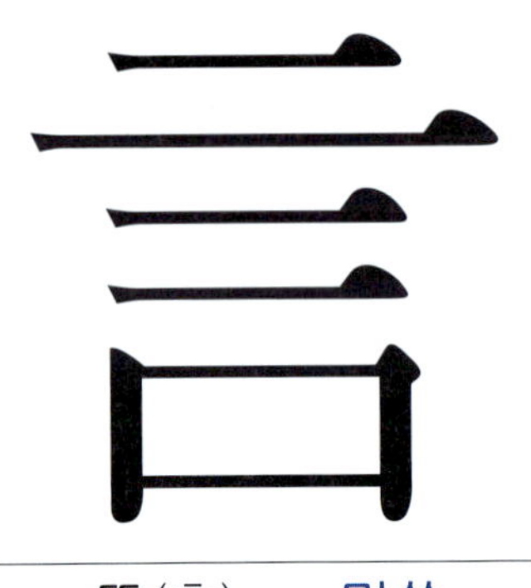

言

말씀 언

뜻(훈)	말씀
소리(음)	언
영어	saying 말

[**말씀 언**은 **사람이 말을 하는 모습**을 나타낸 한자입니다.]

언이라고 읽으며 말씀, 의견, 글 등의 뜻이 있습니다.

예문 내가 힘든 일이 있을 때 선생님께서 조언을 해주셨어.
= 내가 힘든 일이 있을 때 선생님께서 도움을 주는 말을 해주셨어.

📖 교과어휘

① **언어**(言 語) 다른 사람과 의사소통하기 위한 소리나 문자 등의 수단 국어 3·1(가)
말씀 언 말씀 어
② **조언**(助 言) 다른 사람에게 도움이 되도록 깨우침을 주는 말 국어 5-1(가)
도울 조 말씀 언
③ **명언**(名 言) 널리 알려진 훌륭한 말 국어활동 4-2
이름 명 말씀 언
④ **발언**(發 言) 의견이나 생각을 말함
필 발 말씀 언
⑤ **언행**(言 行) 말과 행동
말씀 언 다닐 행
⑥ **증언**(證 言) 어떤 것이 진실임을 밝히는 말
증거 증 말씀 언
⑦ **방언**(方 言) 표준어가 아닌 지역 사투리 국어 3·1(나)
모 방 말씀 언

---

1 다음 한자의 뜻(훈)과 소리(음)를 써 보세요.

言　　뜻(훈): ＿＿＿＿＿＿＿＿＿＿　　소리(음): ＿＿＿＿＿＿＿＿＿＿

2 다음 뜻에 알맞은 단어를 골라 빈칸에 한글로 써 보세요.

[1] 말과 행동

① 言行　　② 方言
다닐 행

[2] 의견이나 생각을 말함

① 發言　　② 名言
필 발

3 다음 **말씀 언** 한자를 순서대로 써 보세요.

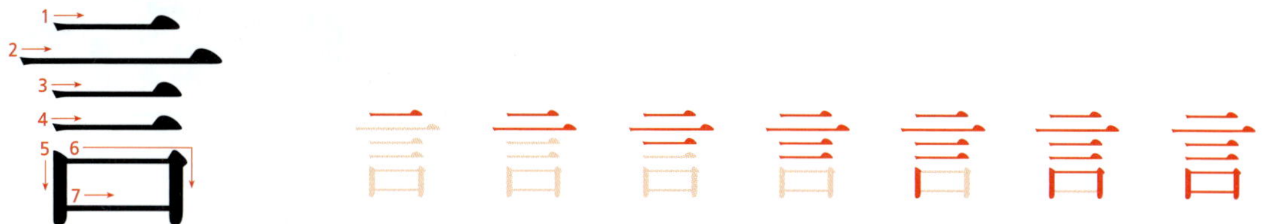

부수 言 (말씀언, 7획) 획수 총 7획

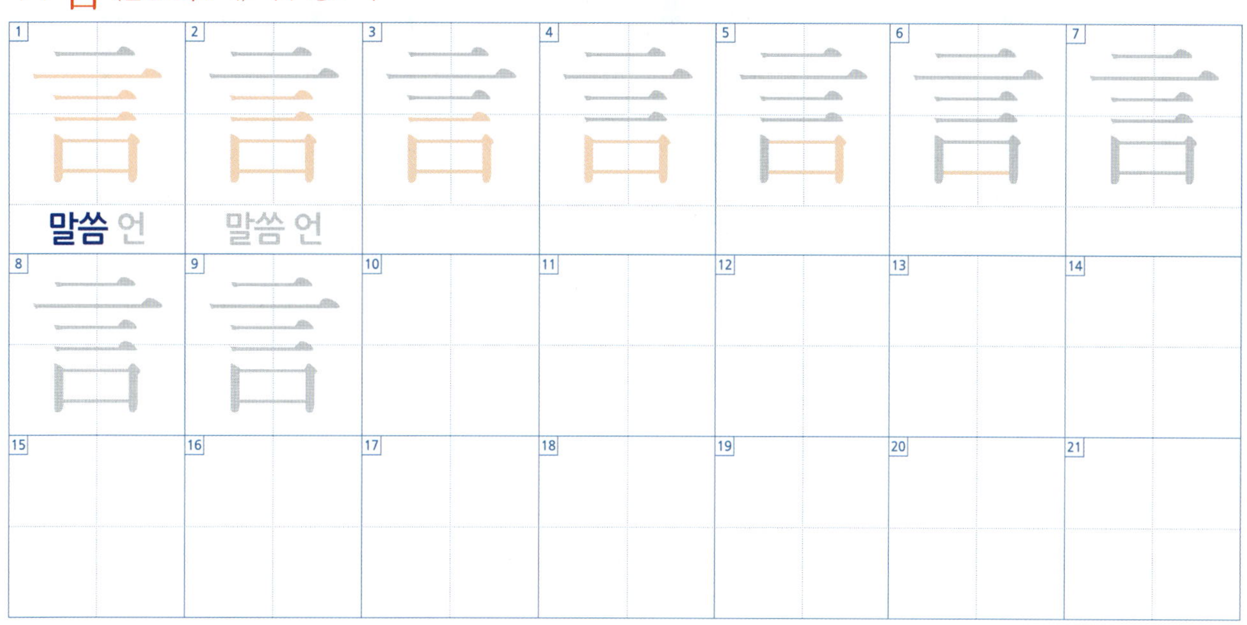

말씀 언   말씀 언

4 다음 문장 중 밑줄 친 한자의 음(音)을 써 보세요.

한글은 세상에서 제일 아름다운 <u>言 語</u>다.

(   )

5 다음 낱말 중 言 **말씀 언** 한자가 쓰인 단어는 무엇인지 3개 골라 ○표를 해 보세요.

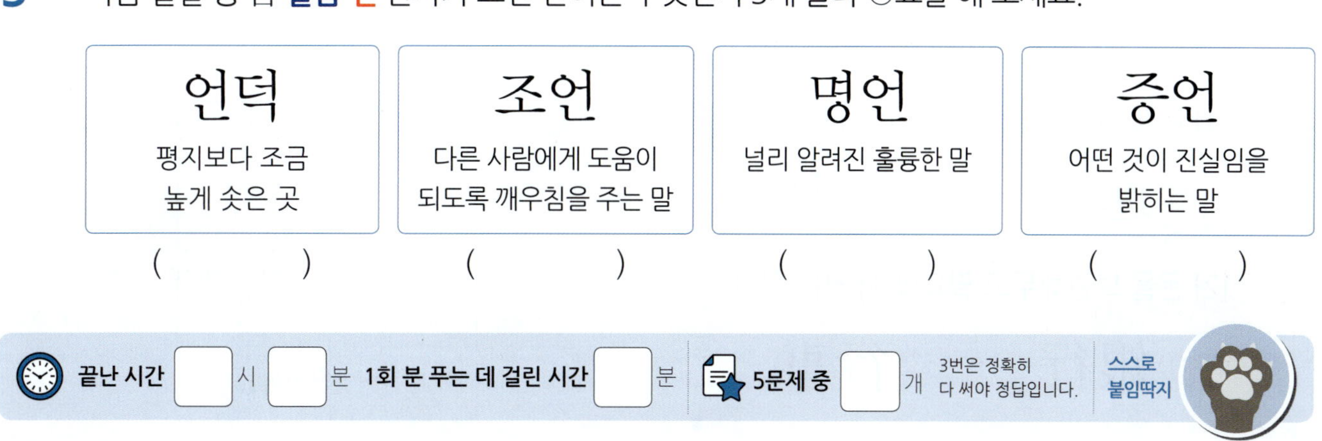

끝난 시간 [ ]시 [ ]분　1회 분 푸는 데 걸린 시간 [ ]분　5문제 중 [ ]개　3번은 정확히 다 써야 정답입니다.　스스로 붙임딱지

공부한 날 [ ]월 [ ]일
시작 시간 [ ]시 [ ]분

行

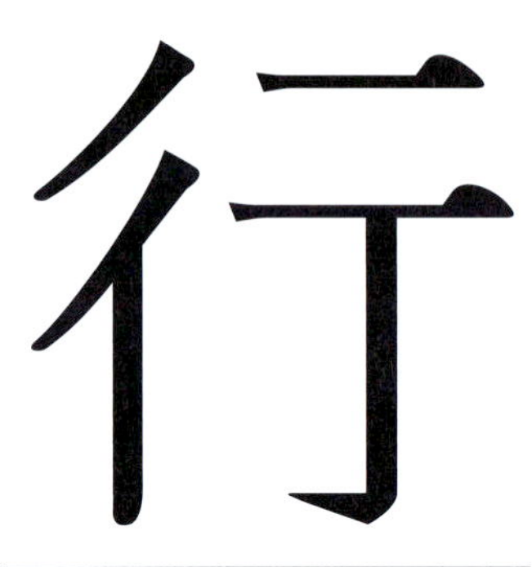

뜻(훈)　다닐
소리(음)　행

영어　go around 다니다

[**다닐 행**은 **양 발을 차례로 옮겨 걷는 모습**을 나타낸 한자입니다.]

행이라고 읽으며 다니다, 가다, 움직이다 등의 뜻이 있습니다.

예문　시골쥐는 서울쥐와 함께 도시를 여행했다.
　　＝ 시골쥐는 서울쥐와 함께 도시를 구경하며 돌아다녔다.

교과어휘

① **여행**(旅 行) 자신이 사는 곳을 떠나 다른 지역을 구경하고 돌아다님　[국어활동 2-1]
　　나그네 여 다닐 행
② **진행**(進 行) 앞으로 나아감. 또는 일을 처리하여 나감　[국어 2-2(나)]
　　나아갈 진 다닐 행
③ **비행기**(飛 行 機) 사람이나 물건을 싣고 연료나 프로펠러를 돌리는 힘으로 하늘을 나는 기계　[국어활동 1-1]
　　날 비 다닐 행 틀 기
④ **암행어사**(暗 行 御 史) 임금의 명령을 받고 몰래 지방 정치를 살피는 벼슬　[국어 4-2(나)]
　　어두울 암 다닐 행 거느릴 어 사기 사
⑤ **행동**(行 動) 몸을 움직여 하는 동작이나 일　[국어 1-2(가)]
　　다닐 행 움직일 동
⑥ **행사**(行 事) 많은 사람들이 모여서 정해진 일정에 따라 진행하는 일　[국어 3-2(가)]
　　다닐 행 일 사
⑦ **은행**(銀 行) 돈을 보관해두고 필요할 때 찾는 기관　[국어활동 1-1]
　　은 은 다닐 행

---

1 다음 한자의 뜻(훈)과 소리(음)를 써 보세요.

行　　뜻(훈): ________________　　소리(음): ________________

---

2 다음 뜻에 알맞은 단어를 골라 빈칸에 한글로 써 보세요.

[1] 몸을 움직여 하는 동작이나 일

① 進行　　② 行動
　나아갈 진

[2] 돈을 보관해두고 필요할 때 찾는 기관

① 銀行　　② 行事
　은 은

3 다음 **다닐 행** 한자를 순서대로 써 보세요.

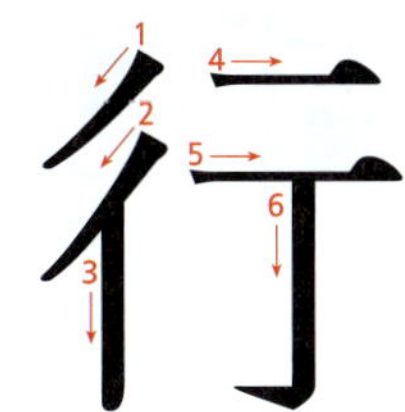

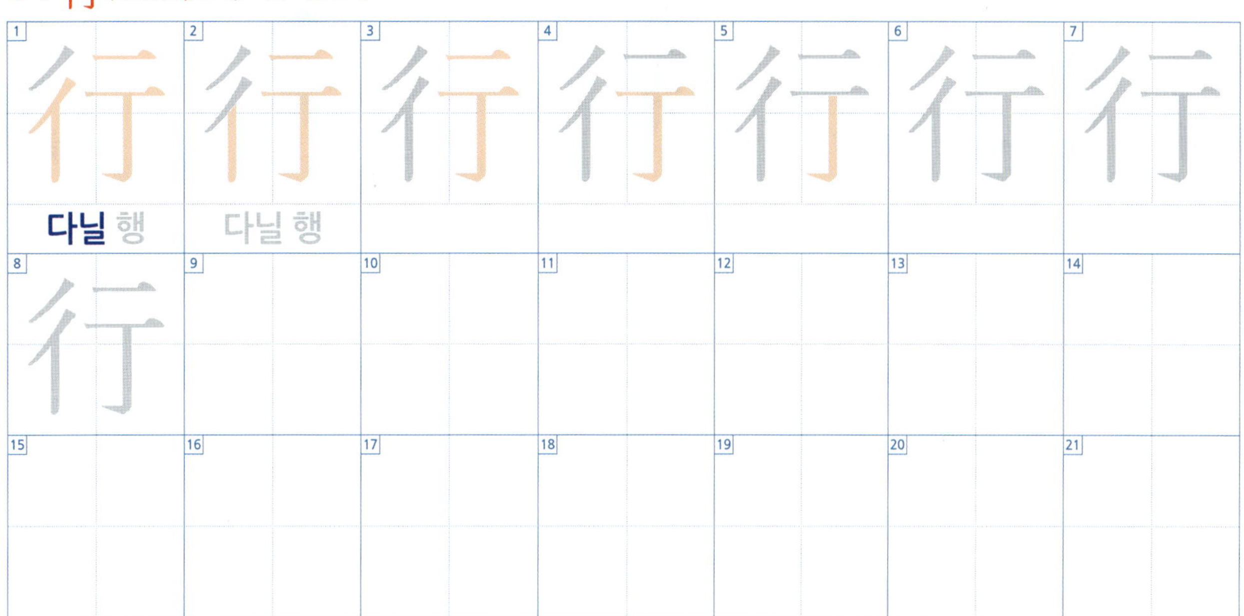

부수 行(다닐행, 6획) 획수 총 6획

1 다닐 행	2 다닐 행	3	4	5	6	7
8 行	9	10	11	12	13	14
15	16	17	18	19	20	21

4 다음 문장 중 빈칸에 들어갈 알맞은 단어를 골라 보세요. ·· [   ]

> 　　사람도 새처럼 하늘을 날 수 있다면 얼마나 좋을까? 이런 생각으로 (   )을/를 발명한 사람들이 있었는데, 바로 라이트 형제입니다. 라이트 형제는 새들의 날개를 관찰하며 새들이 어떻게 하늘을 날아다니는지 연구한 뒤, 수많은 실패와 실험을 거쳐 마침내 성공했습니다. 그들의 끝없는 열정과 도전 정신은 오늘날 우리에게 큰 교훈을 줍니다.

① 은행(銀行)
은 은

② 비행기(飛行機)
날 비　　틀 기

③ 진행(進行)
나아갈 진

5 다음 낱말 중 行 **다닐 행** 한자가 쓰인 단어는 무엇인지 2개 골라 ○표를 해 보세요.

행복	암행어사	여행	다행
기쁨과 만족감을 느낌	몰래 지방 정치를 살피는 벼슬	자신이 사는 곳을 떠나 다른 지역을 구경하고 돌아다님	걱정했던 일이 잘 풀려 마음이 놓임
(　　　)	(　　　)	(　　　)	(　　　)

끝난 시간 [ ]시 [ ]분　1회 분 푸는 데 걸린 시간 [ ]분　 5문제 중 [ ]개　3번은 정확히 다 써야 정답입니다.　스스로 붙임딱지 

공부한 날 ⬜ 월 ⬜ 일
시작 시간 ⬜ 시 ⬜ 분

信

뜻(훈) 믿을
소리(음) 신
영어 believe 믿다

[믿을 신은 **사람의 말은 거짓이 없고 믿을 수 있어야 함**을 나타낸 한자입니다.]

신이라고 읽으며 믿다, 맡기다 등의 뜻이 있습니다.

예문 지수는 항상 자신감이 넘친다.
= 지수는 항상 자신을 믿는 마음이 넘친다.

📖 교과어휘

① **자신감**(自 信 感) 자신의 능력을 스스로 믿는 마음 국어 3·2(나)
스스로 자 믿을 신 느낄 감

② **신호등**(信 號 燈) 신호를 알려주는 전등
믿을 신 이름 호 등 등

③ **자신만만**(自 信 滿 滿) 자신감이 가득함 국어 3·2(나)
스스로 자 믿을 신 찰 만 찰 만

④ **신념**(信 念) 어떤 것에 대해 굳게 믿는 생각
믿을 신 생각 념

⑤ **확신**(確 信) 깊고 굳게 믿음
굳을 확 믿을 신

⑥ **소신**(所 信) 어떤 일에 대해 옳다고 생각하고 그 믿음에 따라 행동하려는 것
바 소 믿을 신

⑦ **신뢰**(信 賴) 다른 사람을 믿고 의지함 사회 3·1
믿을 신 의뢰할 뢰

1 다음 한자의 뜻(훈)과 소리(음)를 써 보세요.

信　　뜻(훈): ＿＿＿＿＿＿＿＿＿　　소리(음): ＿＿＿＿＿＿＿＿＿

2 다음 뜻에 알맞은 단어를 골라 빈칸에 한글로 써 보세요.

[1] 깊고 굳게 믿음

① 確信　　② 信念
굳을 확　　생각 념

[2] 자신의 능력을 스스로 믿는 마음

① 自信感　　② 信號燈
느낄 감　　이름 호 등 등

3 다음 **믿을 신** 한자를 순서대로 써 보세요.

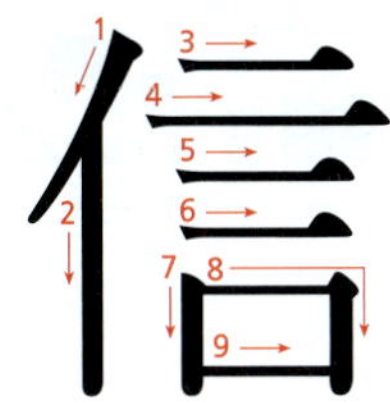

信 信 信 信 信 信 信 信 信

부수 亻(사람인변, 2획) 획수 총 9획

4 다음 문장 중 빈칸에 들어갈 알맞은 단어를 골라 보세요. ·· [   ]

> 나랑 내 친구는 서로를 (   )하는 사이야.

① 신뢰(信賴)
의뢰할 뢰

② 신념(信念)
생각 념

③ 소신(所信)

5 다음 낱말 중 信 **믿을 신** 한자가 쓰인 단어는 무엇인지 2개 골라 ○표를 해 보세요.

신호등	신하	자신만만	신고
신호를 알려주는 전등	임금을 섬기는 사람	자신감이 가득함	어떤 내용을 해당 기관이나 관청 등에 알리고 보고함
( )	( )	( )	( )

끝난 시간 [   ]시 [   ]분 1회 분 푸는 데 걸린 시간 [   ]분  5문제 중 [   ]개 3번은 정확히 다 써야 정답입니다. 스스로 붙임딱지 

공부한 날 [ ]월 [ ]일
시작 시간 [ ]시 [ ]분

成

뜻(훈)	이룰
소리(음)	성

영어 achieve 해내다

[**이룰 성**은 **도구를 써서 사물을 완성하는 모습**을 나타낸 한자입니다.]

성이라고 읽으며 이루다, 이루어지다, 갖추다 등의 뜻이 있습니다.

예문 우리나라에서는 만 19세부터 성인이다.
= 우리나라에서는 만 19세부터 어른이다.

📖 교과어휘

① **성공**(成 功) 뜻한 것이나 목표한 것을 이룸 국어 2-1(나)
    이룰 성 공 공
② **완성**(完 成) 어떤 것을 완전히 이룸 국어 1-1(가)
    완전할 완 이룰 성
③ **성장**(成 長) 생명체나 어떤 일의 크기가 점점 커지고 자람 국어 3-1(가)
    이룰 성 길 장
④ **성적**(成 績) 학생들의 학업이 평가된 결과. 또는 어떤 일의 결과 국어활동 3-1
    이룰 성 길쌈할 적
⑤ **성인**(成 人) 청소년기가 지난 어른
    이룰 성 사람 인
⑥ **미성년자**(未 成 年 者) 아직 성인이 아닌 사람
    아닐 미 이룰 성 해 년 놈 자
⑦ **구성원**(構 成 員) 어떤 무리나 모임을 이루고 있는 사람들 국어 4-2(나)
    얽을 구 이룰 성 인원 원

---

1 다음 한자의 뜻(훈)과 소리(음)를 써 보세요.

成   뜻(훈): ___________   소리(음): ___________

2 다음 뜻에 알맞은 단어를 골라 빈칸에 한글로 써 보세요.

[1] 뜻한 것이나 목표한 것을 이룸

①成功   ②成人
  공 공

[2] 생명체나 어떤 일의 크기가 점점 커지고 자람

①成績   ②成長
  길쌈할 적

3 다음 **이룰 성** 한자를 순서대로 써 보세요.

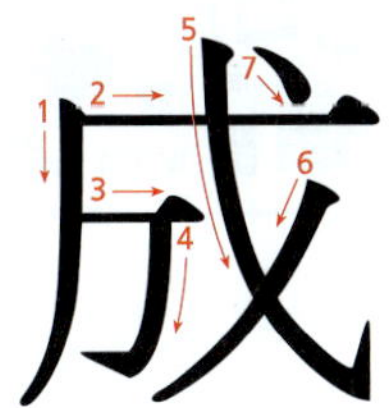

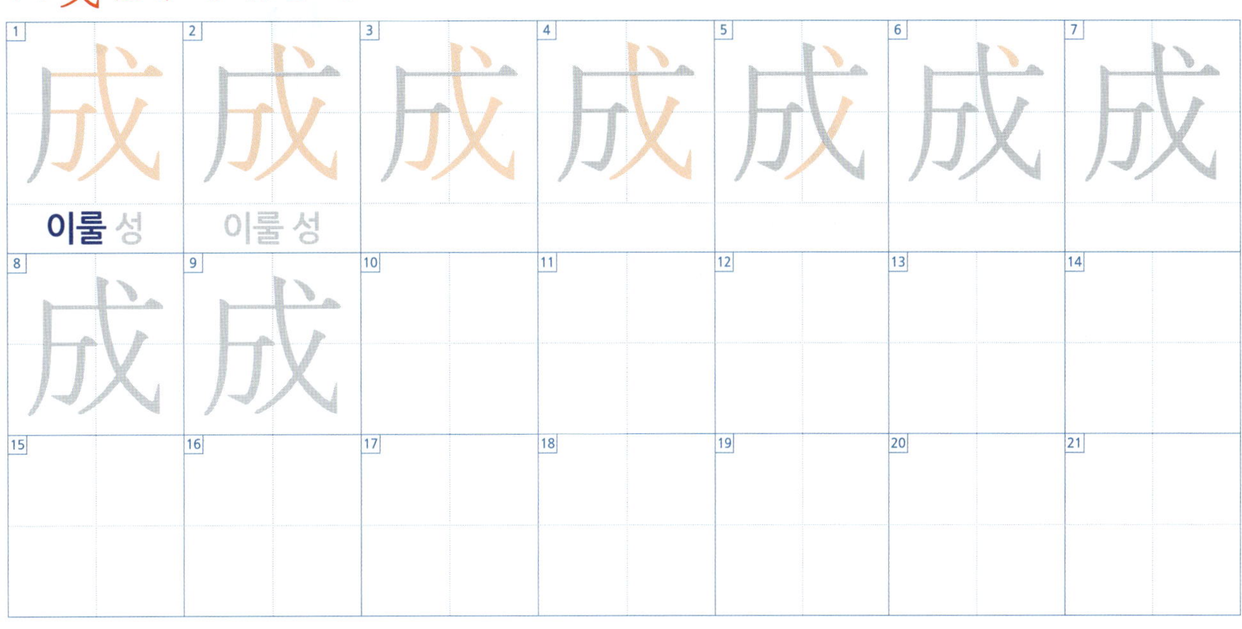

부수 戈 (창과, 4획) 획수 총 7획

1	2	3	4	5	6	7
成	成	成	成	成	成	成
이룰 성	이룰 성					
8	9	10	11	12	13	14
成	成					
15	16	17	18	19	20	21

4 다음 문장 중 밑줄 친 한자의 음(音)을 써 보세요.

드디어 새로 산 장난감을 다 조립해서 <u>完成</u>했어!

(   )

5 다음 낱말 중 成 **이룰 성** 한자가 쓰인 단어는 무엇인지 2개 골라 ○표를 해 보세요.

백성	이성	미성년자	구성원
과거에 국민을 이르던 말	다른 성별	아직 성인이 아닌 사람	어떤 무리나 모임을 이루고 있는 사람들
( )	( )	( )	( )

끝난 시간 [ ]시 [ ]분 1회 분 푸는 데 걸린 시간 [ ]분 5문제 중 [ ]개 3번은 정확히 다 써야 정답입니다. 스스로 붙임딱지

功

뜻(훈) 공
소리(음) 공

영어 contribution 공로

[**공 공**은 **땅을 다지며 일하고 있는 모습**을 나타낸 한자입니다.]

공이라고 읽으며 공, 일, 업적 등의 뜻이 있습니다.

예문 드디어 줄넘기 2단 뛰기를 성공했어!
= 드디어 줄넘기 2단 뛰기를 해냈어!

📖 **교과어휘**

① **공로**(功 勞) 어떤 일을 해내는 데 들인 노력과 수고 국어활동 4-2
　　공 공 일할 로

② **유공자**(有 功 者) 어떤 일에 들인 노력과 수고가 많아 인정받은 사람
　　있을 유 공 공 놈 자

③ **성공**(成 功) 뜻한 것이나 목표한 것을 이룸 국어 2-1(나)
　　이룰 성 공 공

④ **공덕**(功 德) 착한 일을 한 공과 어진 마음을 베푼 덕 국어 6-1(나)
　　공 공 덕 덕

⑤ **개국공신**(開 國 功 臣) 나라를 세우는 데 큰 공을 세운 신하
　　열 개 나라 국 공 공 신하 신

⑥ **형설지공**(螢 雪 之 功) 가난에도 굴하지 않고 이뤄낸 공. 반딧불과 눈빛에 의지하여 공부함
　　반딧불이 형 눈 설 갈 지 공 공

⑦ **일등공신**(一 等 功 臣) 어떤 일을 이루는 데 결정적인 공을 세운 사람
　　한 일 무리 등 공 공 신하 신

---

1 다음 한자의 뜻(훈)과 소리(음)를 써 보세요.

功　　뜻(훈): ___________　　소리(음): ___________

---

2 다음 뜻에 알맞은 단어를 골라 빈칸에 한글로 써 보세요.

[1] 착한 일을 한 공과 어진 마음을 베푼 덕

① 功德　　② 成功
　덕 덕

[2] 가난에도 굴하지 않고 이뤄낸 공

① 一等功臣　　② 螢雪之功
　무리 등　신하 신　반딧불이 형 눈 설　갈 지

3 다음 **공 공** 한자를 순서대로 써 보세요.

부수 **力** (힘 력, 2획) 획수 총 5획

1 功	2 功	3 功	4 功	5 功	6 功	7 功
공 공	공 공					
8	9	10	11	12	13	14
15	16	17	18	19	20	21

4 다음 문장 중 빈칸에 들어갈 알맞은 단어를 골라 보세요. ·································· [   ]

> 이성계는 조선을 세우는 데 도움을 준 (   )들에게 상을 내렸다.

① 공덕(**功德**) 덕 덕

② 공로(**功勞**) 일할 로

③ 개국공신(**開國功臣**) 열 개 신하 신

5 다음 낱말 중 **功 공 공** 한자가 쓰인 단어는 무엇인지 2개 골라 ○표를 해 보세요.

유공자	공항	공중화장실	성공
어떤 일에 들인 노력과 수고가 많아 인정받은 사람	비행기가 이륙, 착륙을 할 수 있도록 지은 곳	여러 사람이 이용할 수 있도록 공공장소에 만들어 놓은 화장실	뜻한 것이나 목표한 것을 이룸
( )	( )	( )	( )

 끝난 시간 [   ]시 [   ]분 **1회 분 푸는 데 걸린 시간** [   ]분 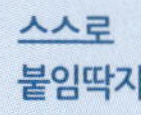 **5문제 중** [   ]개 3번은 정확히 다 써야 정답입니다. 스스로 붙임딱지 

● 밑줄 친 글자의 한자를 찾아 번호를 써 보세요.

언행일치

말과 행동이 하나라는 뜻으로, 말한 대로 행동한다는 의미입니다.

눈이 펑펑 내리는 **겨울**날 쌀 장사꾼과 나무꾼이 함께 산을 넘고 있었습니다.
2

해가 지고 추운 **밤**이 되자 쌀 장사꾼이 나무꾼에게 말했습니다.

"너무 추우니 당신의 장작으로 불을 피웁시다. **산**을 넘어 마을에 도착하면 내가 꼭 보답하겠소."

나무꾼은 쌀 장사꾼의 말을 **믿고** 자신이 가진 모든 나무를 태워 **불**을 피워주었습니다.

덕분에 두 사람은 다시 **힘**을 얻어서 산을 넘을 수 있었습니다.

마을에 도착하자 쌀 장사꾼은 말한 대로 쌀을 팔아 번 돈을 모두 나무꾼에게 주었습니다.

이 이야기는 금세 온 마을에 퍼졌고, 사람들은 **언행일치**한 장사꾼과 자신의 것을 베푼 나무꾼을 칭찬하며 너도나도 그들에게서 **나무**와 쌀을 샀습니다.

그래서 착한 나무꾼과 약속을 지킨 쌀 장사꾼은 큰 부자가 되었습니다.

보기　　겨울 동

① 信　② 冬　③ 山　④ 力　⑤ 村　⑥ 夜　⑦ 火　⑧ 木

4주차

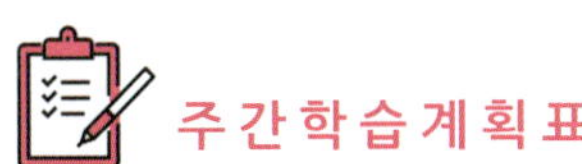 **주간학습계획표**

회차	학습 내용		학습 계획일
16회	消	사라질 소	☐ 월 ☐ 일
17회	失	잃을 실	☐ 월 ☐ 일
18회	在	있을 재	☐ 월 ☐ 일
19회	現	나타날 현	☐ 월 ☐ 일
20회	代	대신할 대	☐ 월 ☐ 일

消

사라질 소

뜻(훈)　사라질
소리(음)　소

영어 disappear 사라지다

[**사라질 소**는 **물이 점점 줄어드는 모습**을 나타낸 한자입니다.]

소라고 읽으며 사라지다, 없어지다, 약해지다 등의 뜻이 있습니다.

예문 비가 너무 많이 내려서 박물관 견학이 취소되었다.
＝ 비가 너무 많이 내려서 박물관 견학을 가지 않았다.

📖 교과어휘

① **취소**(取　消) 어떤 것을 없었던 것으로 함　**국어 4-2(나)**
　　가질 취 사라질 소
② **소방차**(消　防　車) 사람을 구하거나 불을 끄기 위한 장비를 갖춘 차　**사회 3-1**
　　사라질 소 막을 방 수레 차
③ **소식**(消　息) 사람이나 일의 상황을 알리는 말 또는 글
　　사라질 소 쉴 식
④ **소화기**(消 火 器) 불을 끄는 데 사용하는 기구
　　사라질 소 불 화 그릇 기
⑤ **소독**(消　毒) 안 좋은 균을 없앰　**사회 4-1**
　　사라질 소 독 독
⑥ **소화제**(消 化 劑) 소화를 도와주는 약　**국어활동 4-1**
　　사라질 소 될 화 약제 제
⑦ **소비자**(消 費 者) 물건을 사서 쓰는 사람
　　사라질 소 쓸 비 놈 자

1 다음 한자의 뜻(훈)과 소리(음)를 써 보세요.

消　　뜻(훈): _______________　　소리(음): _______________

2 다음 뜻에 알맞은 단어를 골라 빈칸에 한글로 써 보세요.

[1] 불을 끄기 위한 장비를 갖춘 차

① 消火器　　② 消防車
　 그릇 기　　　막을 방

[2] 소화를 도와주는 약

① 消費者　　② 消化劑
　 쓸비　놈자　　될화 약제제

3 다음 **사라질 소** 한자를 순서대로 써 보세요.

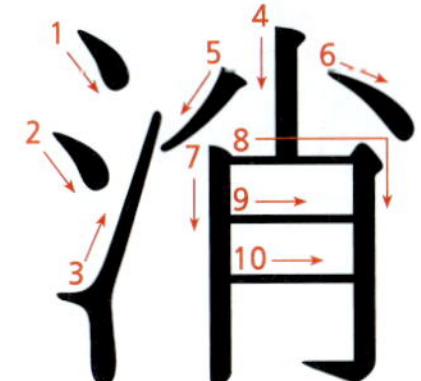

消 消 消 消 消 消 消 消
消 消

부수 氵(삼수변, 3획) 획수 총 10획

사라질 소　　사라질 소

4 다음 문장 중 밑줄 친 한자의 음(音)을 써 보세요.

> 전화기가 없던 옛날에는 편지로 消息을 전했다.
>
> (　　　　)

5 다음 낱말 중 消 **사라질 소** 한자가 쓰인 단어는 무엇인지 2개 골라 ○표를 해 보세요.

장소	취소	소유	소독
일이 이루어지거나 일어나는 곳	어떤 것을 없었던 것으로 함	무언가를 가지고 있음	안 좋은 균을 없앰
(　　)	(　　)	(　　)	(　　)

끝난 시간 ☐ 시 ☐ 분　1회 분 푸는 데 걸린 시간 ☐ 분　5문제 중 ☐ 개　3번은 정확히 다 써야 정답입니다.　스스로 붙임딱지

失

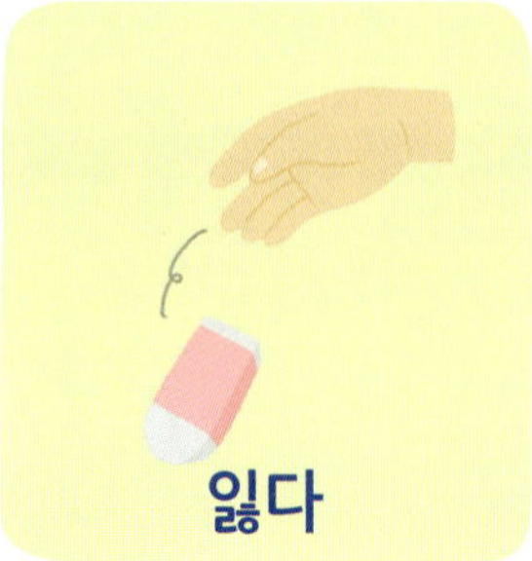

뜻(훈)　잃을
소리(음)　실

영어　lose 잃어버리다

[**잃을 실**은 손에서 무언가 놓치는 모습을 나타낸 한자입니다.]

실이라고 읽으며 잃다, 잃어버리다, 빠트리다 등의 뜻이 있습니다.

예문　실수로 장난감을 밟았어.
　　＝ 주의하지 않아 잘못해서 장난감을 밟았어.

📖 교과어휘

① **실망**(失 望) 기대했던 대로 되지 않아 마음이 상함　국어 1-2(나)
　　잃을 실 바랄 망

② **실수**(失 手) 주의하지 않아 잘못을 저지름　국어활동 1-2
　　잃을 실 손 수

③ **실패**(失 敗) 성공하지 못하거나 결과가 뜻한 대로 나오지 않음
　　잃을 실 패할 패

④ **분실물**(紛 失 物) 잃어버린 물건　국어 2-1(나)
　　어지러울 분 잃을 실 물건 물

⑤ **실례**(失 禮) 말이나 행동이 예절에 맞지 않음　국어활동 2-1
　　잃을 실 예도 례

⑥ **손실**(損 失) 줄어들어 입은 손해　국어활동 4-2
　　덜 손 잃을 실

1　다음 한자의 뜻(훈)과 소리(음)를 써 보세요.

失　　뜻(훈): _________________　　소리(음): _________________

2　다음 뜻에 알맞은 단어를 골라 빈칸에 한글로 써 보세요.

[1] 성공하지 못하거나 결과가 뜻한 대로 나오지 않음

　① 失敗　　② 失禮
　　패할 패　　　예도 레

[2] 주의하지 않아 잘못을 저지름

　① 失手　　② 損失
　　　　　　　덜 손

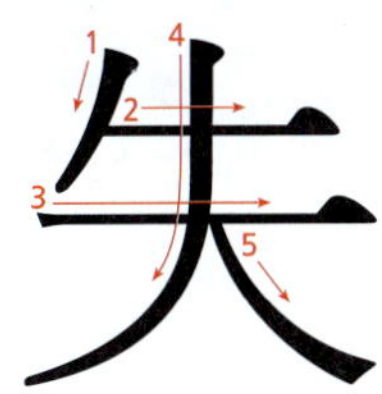

失 失 失 失 失

부수 **大** (큰대, 3획) 획수 총 5획

1	2	3	4	5	6	7
失	失	失	失	失	失	失
잃을 실	잃을 실					

8	9	10	11	12	13	14

15	16	17	18	19	20	21

4 다음 문장 중 밑줄 친 한자의 음(音)을 써 보세요.

지하철에는 사람들이 두고 내린 紛**失**物을 보관하는 곳이 있다.

( )

5 다음 낱말 중 失 **잃을 실** 한자가 쓰인 단어는 무엇인지 2개 골라 ○표를 해 보세요.

실망	오락실	교실	실례
기대했던 대로 되지 않아 마음이 상함	게임을 할 수 있도록 장치를 갖춘 방	학교에서 수업을 하는 방	말이나 행동이 예절에 맞지 않음
( )	( )	( )	( )

 끝난 시간 ☐ 시 ☐ 분 **1회 분 푸는 데 걸린 시간** ☐ 분 **5문제 중** ☐ 개 3번은 정확히 다 써야 정답입니다. **스스로 붙임딱지**

공부한 날 [   ]월 [   ]일
시작 시간 [   ]시 [   ]분

在

있다

있을 재

있을 재

뜻(훈)　　있을
소리(음)　재
영어　exist 존재하다

[**있을 재**는 **흙 속에서 새싹이 돋아나는 모습**을 나타낸 한자입니다.]

재라고 읽으며 있다, 살피다 등의 뜻이 있습니다.

예문　아주 먼 옛날에는 공룡이 존재했었대!
= 아주 먼 옛날에는 공룡이 실제로 있었대!

교과어휘

① **존재**(存 在) 어떤 것이 현실에 실제로 있음 〔국어활동 3-2〕
　　있을 존 있을 재
② **현재**(現 在) 지금 이때. 이 시점 〔사회 3-1〕
　　나타날 현 있을 재
③ **존재감**(存 在 感) 무언가가 실제로 있는 느낌
　　있을 존 있을 재 느낄 감
④ **자유자재**(自 由 自 在) 자유롭게 자기 마음대로 함
　　스스로 자 말미암을 유 스스로 자 있을 재
⑤ **잠재력**(潛 在 力) 속에 숨겨져 있는 힘
　　잠길 잠 있을 재 힘 력
⑥ **부재중**(不 在 中) 어떤 정해진 곳에 있지 않는 동안
　　아닐 불 있을 재 가운데 중
⑦ **재래식**(在 來 式) 옛날부터 내려오던 방식
　　있을 재 올 래 법 식

1　다음 한자의 뜻(훈)과 소리(음)를 써 보세요.

在　　뜻(훈): ＿＿＿＿＿＿＿＿　　소리(음): ＿＿＿＿＿＿＿＿

2　다음 뜻에 알맞은 단어를 골라 빈칸에 한글로 써 보세요.

[1] 무언가가 실제로 있는 느낌

①潛在力　　②存在感
　잠길 잠　　있을 존 느낄 감

[2] 어떤 정해진 곳에 있지 않는 동안

①不在中　　②在來式
　　　　　　　　 법 식

3 다음 **있을 재** 한자를 순서대로 써 보세요.

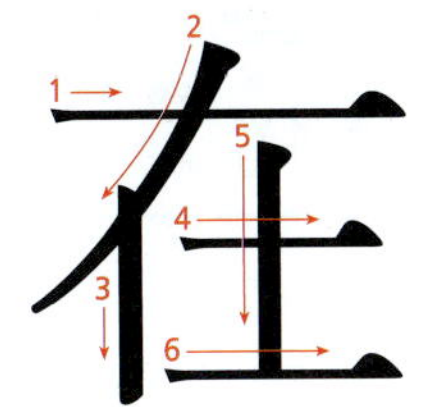

부수 **土** (흙토, 3획) 획수 총 6획

있을 재   있을 재

4 다음 문장 중 밑줄 친 한자의 음(音)을 써 보세요.

이 만화의 주인공은 자신의 몸의 크기를 <u>自由自在</u>로 늘렸다 줄였다 할 수 있어.

(   )

5 다음 낱말 중 在 **있을 재** 한자가 쓰인 단어는 무엇인지 2개 골라 ○표를 해 보세요.

천재	재산	존재	현재
뛰어난 재능을 가지고 태어난 사람	가지고 있는 돈과 물건	현실에 실제로 있음	지금 이때. 이 시점
( )	( )	( )	( )

공부한 날 [ ]월 [ ]일
시작 시간 [ ]시 [ ]분

現

뜻(훈) 나타날
소리(음) 현
영어 appear 나타나다

[**나타날 현**은 **옥을 바라보고 있는 모습**을 나타낸 한자입니다.]

현이라고 읽으며 나타나다, 보다, 보이다 등의 뜻이 있습니다.

예문 현재 시간은 12시 반이야.
= 지금 시간은 12시 반이야.

교과어휘

① **표현**(表 現) 속에 있는 감정이나 생각을 밖으로 나타냄 [국어 1-1(나)]
   겉 표 나타날 현
② **현실**(現 實) 지금의 사실. 지금 실제로 존재하는 일의 모양 [국어활동 3-2]
   나타날 현 열매 실
③ **현재**(現 在) 지금 이때. 이 시점 [사회 3-1]
   나타날 현 있을 재
④ **현대**(現 代) 지금 이 시대 [국어 4-1(가)]
   나타날 현 대신할 대
⑤ **현장**(現 場) 어떤 일이 일어나거나 진행되는 곳 [국어활동 1-2]
   나타날 현 마당 장
⑥ **실현**(實 現) 실제로 나타내거나 나타남. 또는 무언가 실제로 이루어짐 [국어 4-1(가)]
   열매 실 나타날 현
⑦ **출현**(出 現) 없던 것이나 보이지 않던 것이 나타남
   날 출 나타날 현

---

1 다음 한자의 뜻(훈)과 소리(음)를 써 보세요.

現 뜻(훈): ________________ 소리(음): ________________

2 다음 뜻에 알맞은 단어를 골라 빈칸에 한글로 써 보세요.

[1] 없던 것이나 보이지 않던 것이 나타남

① 現實   ② 出現
   열매 실

[2] 지금 이 시대

① 現場   ② 現代
              대신할 대

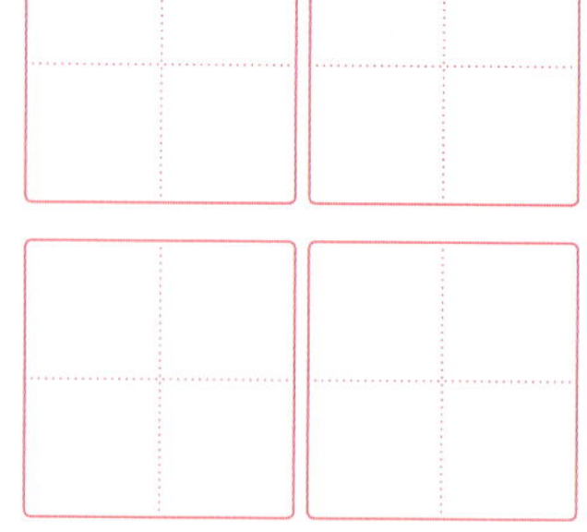

3 다음 **나타날** **현** 한자를 순서대로 써 보세요.

부수 王 (구슬옥변, 4획) 획수 총 11획

1	2	3	4	5	6	7
現	現	現	現	現	現	現
나타날 현	나타날 현					

8	9	10	11	12	13	14
現	現	現	現	現	現	

15	16	17	18	19	20	21

4 다음 문장 중 밑줄 친 부분을 한자어로 써 보세요.

> 피라미드를 어떻게 지었는지는 **지금 이때**까지도 알지 못한다.

지금 이때 =

5 다음 낱말 중 現 **나타날** **현** 한자가 쓰인 단어는 무엇인지 2개 골라 ○표를 해 보세요.

표현	실현	집현전	현미
속에 있는 감정이나 생각을 밖으로 나타냄	무언가 실제로 이루어짐	조선 초기에 문서를 다루는 일을 하던 관아	벼의 겉껍질만 벗기고 속껍질은 벗기지 않은 쌀
(　　　)	(　　　)	(　　　)	(　　　)

끝난 시간 　 시 　 분　 **1회 분 푸는 데 걸린 시간** 　 분　  **5문제 중** 　 개　 3번은 정확히 다 써야 정답입니다.　 스스로 붙임딱지 

代

뜻(훈) **대신할**

소리(음) **대**

영어 instead 대신

[**대신할 대**는 **사람을 대신하는 것**을 나타낸 한자입니다.]

대라고 읽으며 대신, 세상, 번갈다 등의 뜻이 있습니다.

예문 휴대 전화는 현대에 발명되었다.
= 휴대 전화는 지금 이 시대에 발명되었다.

📖 교과어휘

① **대신**(代 身) 다른 것의 역할을 맡아 함 〔국어활동 1-2〕
　　대신할 대 몸 신
② **대표**(代 表) 전체를 대신하여 어느 하나로 나타냄 〔국어활동 1-2〕
　　대신할 대 겉 표
③ **시대**(時 代) 역사적 기준에 따라 구분된 어떤 기간 〔국어 2-1(가)〕
　　때 시 대신할 대
④ **고대**(古 代) 아주 멀고 오랜 옛날 〔사회 4-1〕
　　옛 고 대신할 대
⑤ **현대**(現 代) 지금 이 시대 〔국어 4-1(가)〕
　　나타날 현 대신할 대
⑥ **대가**(代 價) 어떤 일에 들어가는 노력이나 희생. 또는 그것에 견주는 값 〔국어 6-1(나)〕
　　대신할 대 값 가
⑦ **세대**(世 代) 같은 시대에 사는 비슷한 연령의 사람들 〔사회 3-1〕
　　인간 세 대신할 대

---

1 다음 한자의 뜻(훈)과 소리(음)를 써 보세요.

代　　뜻(훈): ______________　　소리(음): ______________

2 다음 뜻에 알맞은 단어를 골라 빈칸에 한글로 써 보세요.

[1] 전체를 대신하여 어느 하나로 나타냄

① 代價　② 代表
　값 가　　겉 표

[2] 같은 시대에 사는 비슷한 연령의 사람들

① 世代　② 代身
　　　　　　몸 신

3 다음 **대신할 대** 한자를 순서대로 써 보세요.

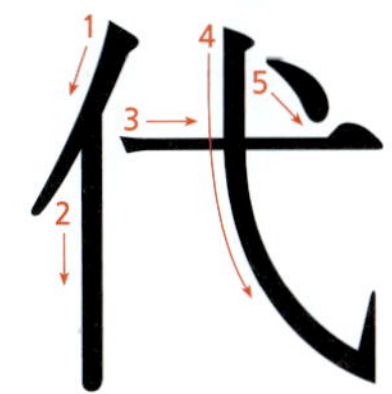

代 代 代 代 代

부수 亻(사람인변, 2획) 획수 총 5획

대신할 대　대신할 대

4 다음 문장 중 밑줄 친 부분을 한자어로 써 보세요.

<u>아주 멀고 오랜 옛날</u> 이집트에서는 왕을 파라오라고 불렀어.

아주 멀고 오랜 옛날 = 古 ☐

5 다음 낱말 중 代 **대신할 대** 한자가 쓰인 단어는 무엇인지 2개 골라 ○표를 해 보세요.

대왕	대한민국	시대	현대
특히 훌륭하고 뛰어난 왕을 높이는 말	우리나라의 이름	역사적 기준에 따라 구분된 어떤 기간	지금 이 시대
(　　)	(　　)	(　　)	(　　)

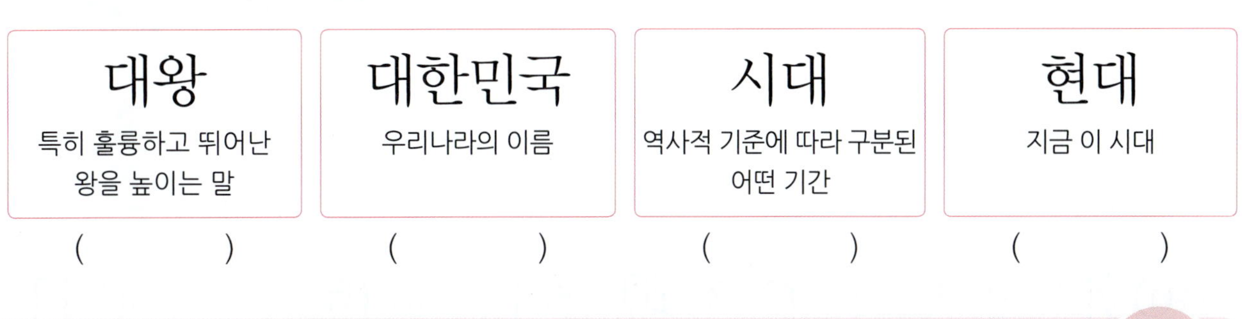

끝난 시간 ☐ 시 ☐ 분　1회 분 푸는 데 걸린 시간 ☐ 분　5문제 중 ☐ 개　3번은 정확히 다 써야 정답입니다.　스스로 붙임딱지

● 밑줄 친 글자의 한자를 찾아 번호를 써 보세요.

신데렐라

착한 신데렐라가 마음이 못된 계모랑 언니들과 살고 **있었습니다**.

7

어느 **날** 파티가 열려, 계모와 언니들은 신데렐라를 두고 파티에 갔습니다.
혼자 남겨져 슬퍼하는 신데렐라에게 요정이 **나타났습니다**.

요정은 마법으로 신데렐라에게 드레스와 황금**빛** 마차를 만들어주었습니다.
하지만 **대신**에, 12시가 넘으면 마법이 **사라져** 버린다고 말했습니다.

요정 덕분에 파티에 간 신데렐라는 파티장에서 왕자님을 만나 사랑에 빠졌습니다.

그런데 그때, 12시를 알리는 종이 울렸고 신데렐라는 다급하게 나오다
그만 유리 구두 한 짝을 **잃어**버리고 말았습니다.

신데렐라의 유리 구두를 발견한 왕자는 구두의

주인을 찾아다녔고, 결국 왕자는 신데렐라와
다시 만나 결혼해서 행복하게 살았습니다.

보기

① 消 ② 失 ③ 主 ④ 現 ⑤ 代 ⑥ 色 ⑦ 在 (있을 재) ⑧ 日

5주차

 주간학습계획표

회차	학습내용		학습계획일
21회	石 돌 석		월 일
22회	油 기름 유		월 일
23회	銀 은 은		월 일
24회	理 다스릴 리(이)		월 일
25회	由 말미암을 유		월 일

石

뜻(훈)　돌
소리(음)　석

영어　stone 돌

[**돌 석**은 **언덕 아래 굴러다니는 돌의 모양**을 보고 만들었습니다.]

석이라고 읽으며 돌, 돌멩이 등의 뜻이 있습니다.

예문　석굴암은 경주에 있어.
= 바위로 만든 불교 사원은 경주에 있어.

📖 교과어휘

① **보석**(寶 石) 반짝거리고 쉽게 변하지 않는 아름다운 돌　가을 1-2
보배 보 돌 석

② **자석**(磁 石) 철을 끌어당기는 돌　국어활동 3-1
자석 자 돌 석

③ **화석**(化 石) 옛날에 살았던 동식물이 바위에 굳어 그대로 남아있는 것
될 화 돌 석

④ **석탑**(石 塔) 돌로 쌓거나 만든 탑　사회 3-1
돌 석 탑 탑

⑤ **석굴암**(石 窟 庵) 신라 시대에 지어진, 바위로 만든 사원　사회 3-1
돌 석 굴 굴 암자 암

⑥ **운석**(隕 石) 우주에서 지구로 떨어진 돌
떨어질 운 돌 석

⑦ **일석이조**(一 石 二 鳥) 돌 하나로 두 마리 새를 잡음. 한 가지 일로 여러 이익을 얻음　국어활동 4-1
한 일 돌 석 두 이 새 조

1　다음 한자의 뜻(훈)과 소리(음)를 써 보세요.

石　뜻(훈): _________________　　소리(음): _________________

2　다음 뜻에 알맞은 단어를 골라 빈칸에 한글로 써 보세요.

[1] 옛날에 살았던 동식물이 바위에 굳은 것

① 化石　　② 隕石
　될 화　　　떨어질 운

[2] 돌로 쌓거나 만든 탑

① 石塔　　② 寶石
　탑 탑　　　보배 보

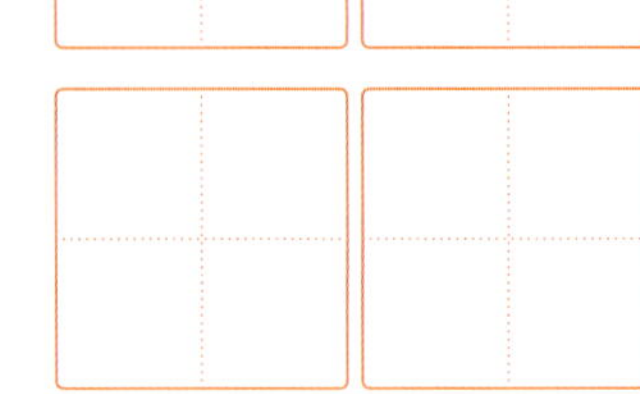

3 다음 **돌** **석** 한자를 순서대로 써 보세요.

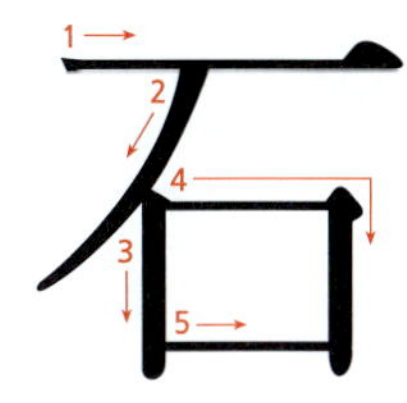

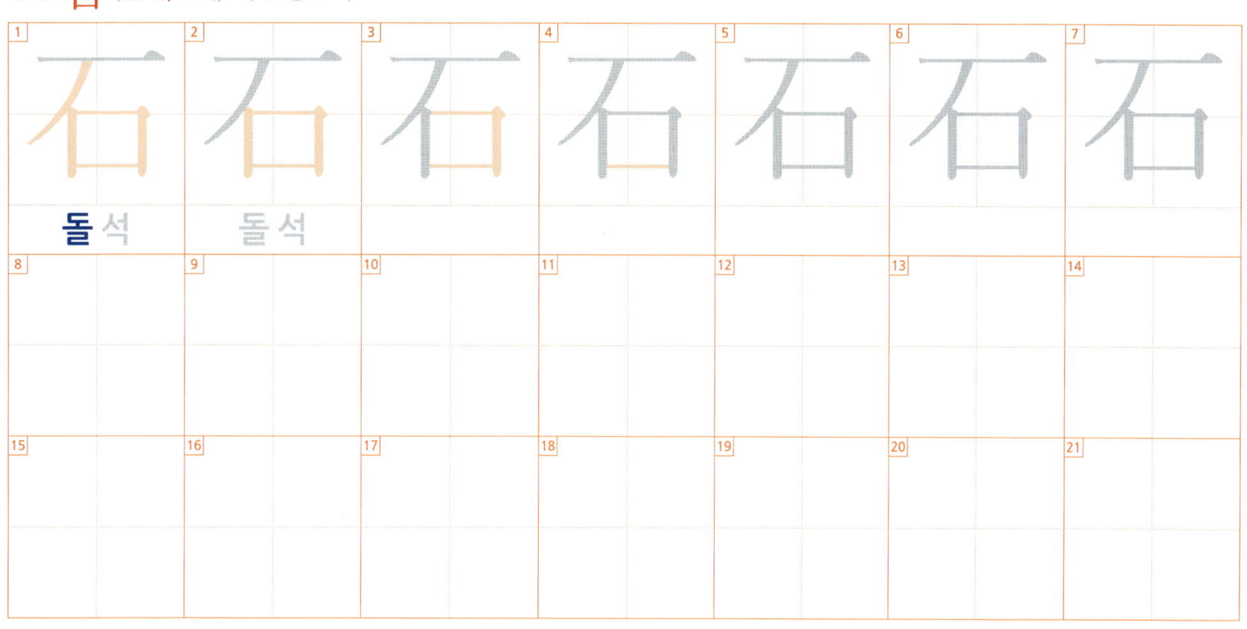

부수 石 (돌석, 5획) 획수 총 5획

1	2	3	4	5	6	7
石	石	石	石	石	石	石
돌 석	돌 석					
8	9	10	11	12	13	14
15	16	17	18	19	20	21

4 다음 문장 중 빈칸에 들어갈 알맞은 단어를 골라 보세요. ······················· [   ]

> 우유를 마시면 뼈도 튼튼해지고 키도 커지는 (   )의 효과를 볼 수 있어!

① 자석(磁石)
자석 자

② 보석(寶石)
보배 보

③ 석굴암(石窟庵)
굴굴 암자 암

④ 일석이조(一石二鳥)
새 조

5 다음 낱말 중 石 **돌** **석** 한자가 쓰인 단어는 무엇인지 2개 골라 ○표를 해 보세요.

추석	운석	석가모니	자석
한가위. 우리나라 3대 명절 중 하나	우주에서 지구로 떨어진 돌	불교를 만든 사람, 부처	철을 끌어당기는 돌
( )	( )	( )	( )

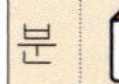 끝난 시간 ☐ 시 ☐ 분 **1회 분 푸는 데 걸린 시간** ☐ 분 **5문제 중** ☐ 개 3번은 정확히 다 써야 정답입니다. **스스로 붙임딱지** 

油

뜻(훈)	기름
소리(음)	유

영어 oil 기름

[**기름 유**는 **불을 밝히는 데 필요한 기름의 모습**을 나타낸 한자입니다.]

유라고 읽으며 기름, 기름칠하다 등의 뜻이 있습니다.

예문 계란말이를 먹기 위해선 **식용유**가 필요해.
= 계란말이를 먹기 위해선 요리에 쓰는 기름이 필요해.

교과어휘

① **식용유**(食 用 油) 음식을 요리하는 데 사용하는 기름 [국어 5-1(가)]
밥 식 쓸 용 기름 유

② **주유소**(注 油 所) 차에 기름을 넣어주는 곳 [사회 3-1]
부을 주 기름 유 바 소

③ **석유**(石 油) 땅 속에서 나는 기름으로, 자동차나 공장 등 인간의 삶 전반에 쓰임 [국어 3-1(가)]
돌 석 기름 유

④ **윤활유**(潤 滑 油) 기계가 부드럽게 굴러가도록 바르는 기름
윤택할 윤 미끄러울 활 기름 유

⑤ **산유국**(産 油 國) 천연 석유가 나는 나라
낳을 산 기름 유 나라 국

⑥ **휘발유**(揮 發 油) 쉽게 불에 타는 성질의 기름으로 주로 자동차에 쓰임
휘두를 휘 필 발 기름 유

⑦ **유화**(油 畫) 서양화의 한 방법으로, 물감을 기름에 개어서 그림
기름 유 그림 화

---

1 다음 한자의 뜻(훈)과 소리(음)를 써 보세요.

油 뜻(훈): __________________   소리(음): __________________

---

2 다음 뜻에 알맞은 단어를 골라 빈칸에 한글로 써 보세요.

[1] 차에 기름을 넣어주는 곳

① 注油所   ② 揮發油
부을 주   휘두를 휘 필 발

[2] 음식을 요리하는 데 사용하는 기름

① 潤滑油   ② 食用油
윤택할 윤 미끄러울 활   쓸 용

3 다음 **기름 유** 한자를 순서대로 써 보세요.

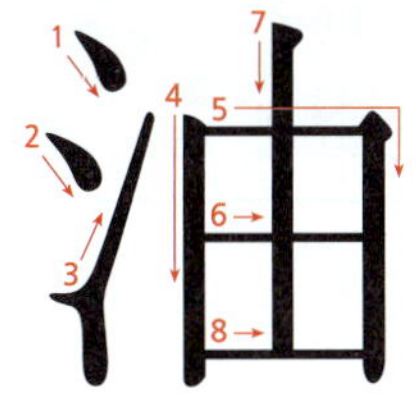

부수 氵(삼수변, 3획) 획수 총 8획

油 기름 유	油 기름 유	油	油	油	油	油
油	油	油				

4 다음 문장 중 밑줄 친 한자의 음(音)을 써 보세요.

사우디아라비아는 중동 지역의 대표적인 <u>産油國</u>이다.

(   )

5 다음 낱말 중 油 **기름 유** 한자가 쓰인 단어는 무엇인지 2개 골라 ○표를 해 보세요.

유행	석유	유화	유명
무언가가 사회적으로 사람들에게 널리 퍼짐	땅 속에서 나는 기름으로, 자동차나 공장 등 인간의 삶 전반에 쓰임	서양화의 한 방법으로, 물감을 기름에 개어서 그림	세상에 이름이 널리 알려져 있음
( )	( )	( )	( )

 끝난 시간 ☐ 시 ☐ 분 **1회 분 푸는 데 걸린 시간** ☐ 분 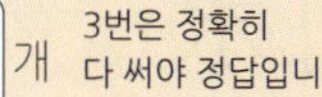 **5문제 중** ☐ 개 3번은 정확히 다 써야 정답입니다. **스스로 붙임딱지** 

銀

뜻(훈) 은
소리(음) 은
영어 silver 은

[**은**은은 **금보다 값이 낮은 은**을 나타낸 한자입니다.]

은이라고 읽으며 은, 화폐, 은빛 등의 뜻이 있습니다.

예문 나는 세뱃돈을 모아서 은행에 저금할 거야.
= 나는 세뱃돈을 모아서 돈을 보관해주는 기관에 저금할 거야.

📖 교과어휘

① **은행**(銀 行) 돈을 보관해두었다가 필요할 때 돌려주는 기관 〔국어활동 1-1〕
　　　　은 은 다닐 행
② **은행**(銀 杏) 은행나무의 열매 〔가을 1-2〕
　　　　은 은 살구 행
③ **은상**(銀 賞) 금, 은, 동으로 등수를 나누었을 때 2등이 받는 상
　　　　은 은 상줄 상
④ **은박지**(銀 箔 紙) 은빛의 얇은 알루미늄 종이
　　　　은 은 발 박 종이 지
⑤ **은하수**(銀 河 水) 우주의 은하계를 강물에 비유한 말
　　　　은 은 물 하 물 수
⑥ **금은보화**(金 銀 寶 貨) 금, 은 등의 매우 귀하고 중요한 보물
　　　　쇠 금 은 은 보배 보 재물 화
⑦ **은화**(銀 貨) 은으로 만든 돈
　　　　은 은 재물 화

---

1 다음 한자의 뜻(훈)과 소리(음)를 써 보세요.

銀　　뜻(훈): ______________　　소리(음): ______________

2 다음 뜻에 알맞은 단어를 골라 빈칸에 한글로 써 보세요.

[1] 돈을 보관해두었다가 필요할 때 돌려주는 기관

① 銀貨　　② 銀行
　재물 화

[2] 우주의 은하계를 강물에 비유한 말

① 銀河水　　② 銀箔紙
　물 하　　　발 박

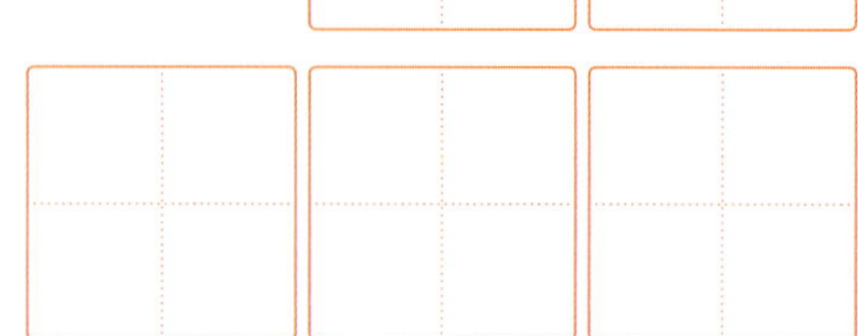

3 다음 **은** 한자를 순서대로 써 보세요.

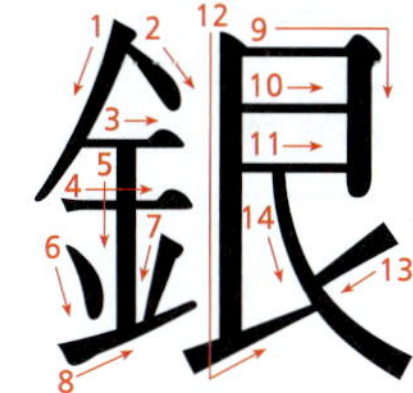

부수 金 (쇠금, 8획) 획수 총 14획

1 銀	2 銀	3 銀	4 銀	5 銀	6 銀	7 銀
은은	은은					
8 銀	9 銀	10 銀	11 銀	12 銀	13 銀	14 銀
15 銀	16 銀	17	18	19	20	21

4 다음 문장 중 빈칸에 들어갈 알맞은 단어를 골라 보세요. ································· [   ]

> 어느 날 흥부는 다친 제비를 발견하여 다리를 치료해주고 박씨를 받았습니다. 그 박씨가 자라 커다란 박이 되자, 흥부가 톱으로 박을 갈랐습니다. 그러자 그 안에서 (   )이/가 쏟아져 나왔습니다!

① 금은보화(金 銀 寶 貨)
보배 보 재물 화

② 은행(銀 杏)
살구 행

③ 은상(銀 賞)
상줄 상

5 다음 낱말 중 銀 **은 은** 한자가 쓰인 단어는 무엇인지 2개 골라 ○표를 해 보세요.

은혜	은퇴	은화	은박지
다른 사람이 사랑으로 베풀어 준 혜택	직위나 직책에서 물러남	은으로 만든 돈	은빛의 얇은 알루미늄 종이
( )	( )	( )	( )

끝난 시간 [ ]시 [ ]분 **1회 분 푸는 데 걸린 시간** [ ]분 ★ **5문제 중** [ ]개 3번은 정확히 다 써야 정답입니다. **스스로 붙임딱지**

공부한 날 [ ]월 [ ]일
시작 시간 [ ]시 [ ]분

理

理
다스릴 리

뜻(훈) 다스릴
소리(음) 리(이)
영어 manage 다스리다

[**다스릴 리(이)**는 구슬 옥(玉)과 마을 리(里)가 합쳐진 글자로, 옥 다루듯 나라를 잘 다스리는 **모습**을 나타낸 한자입니다.]

리(이)라고 읽으며 다스리다, 처리하다 등의 뜻이 있습니다.

예문 준혁이는 책상 정리하는 것을 좋아해.
= 준혁이는 책상을 치우고 가지런히 하는 것을 좋아해.

📖 교과어휘

① **요리**(料 理) 여러 가지 재료로 음식을 만듦 국어 1·2(가)
헤아릴 요 다스릴 리

② **이유**(理 由) 어떤 일의 까닭 가을 1·2
다스릴 이 말미암을 유

③ **정리**(整 理) 어지럽혀진 것을 치우거나 가지런히 함 국어 1·1(가)
가지런할 정 다스릴 리

④ **이해**(理 解) 내용이나 의미를 잘 헤아려 알아들음 국어 1·1(나)
다스릴 이 풀 해

⑤ **처리**(處 理) 어떤 일을 절차에 따라 정리하거나 마무리함 가을 1·2
곳 처 다스릴 리

⑥ **관리**(管 理) 어떤 것이 잘못이 없도록 다잡는 일. 또는 그런 일을 하는 사람 가을 1·2
대롱 관 다스릴 리

⑦ **무리**(無 理) 힘에 부치거나 능력 밖인 일을 함 국어 2·1(가)
없을 무 다스릴 리

---

1 다음 한자의 뜻(훈)과 소리(음)를 써 보세요.

理 뜻(훈): ＿＿＿＿＿＿＿＿＿ 소리(음): ＿＿＿＿＿＿＿＿＿

2 다음 뜻에 알맞은 단어를 골라 빈칸에 한글로 써 보세요.

[1] 어떤 일의 까닭

① 理由 ② 理解
말미암을 유 풀 해

[2] 힘에 부치거나 능력 밖인 일을 함

① 無理 ② 管理
없을 무 대롱 관

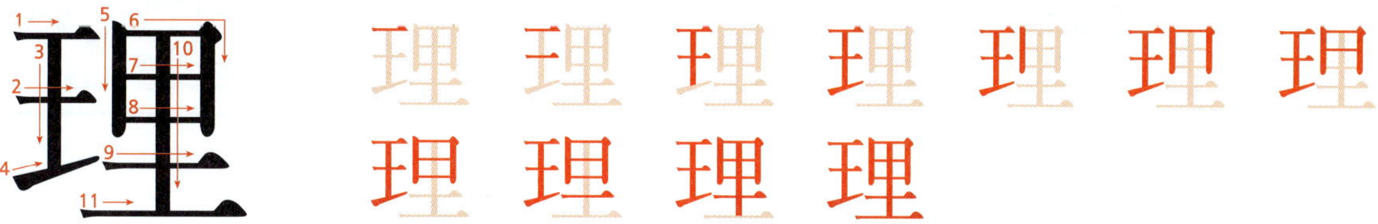

부수 玉 (구슬옥변, 4획) 획수 총 11획

다스릴 리 　다스릴 리

4 다음 문장 중 빈칸에 들어갈 알맞은 단어를 골라 보세요. ·································· [　　]

> 나는 새우가 들어간 태국 (　　　　)를 먹어본 적 있어.

① 처리(處理)　　② 정리(整理)　　③ 요리(料理)　　④ 이해(理解)
곳 처　　　　　　가지런할 정　　　　헤아릴 요　　　　풀 해

5 다음 낱말 중 理 **다스릴 리** 한자가 쓰인 단어는 무엇인지 2개 골라 ○표를 해 보세요.

관리	마이동풍	거리	처리
어떤 것이 잘못이 없도록 다잡는 일	남의 말을 귀담아 듣지 않는다는 뜻	두 점이 공간적으로 떨어져 있는 정도	어떤 일을 절차에 따라 정리하거나 마무리함
(　　　)	(　　　)	(　　　)	(　　　)

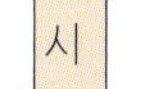 끝난 시간 　시 　분 **1회 분 푸는 데 걸린 시간** 　분 　 **5문제 중** 　개 　3번은 정확히 다 써야 정답입니다. 　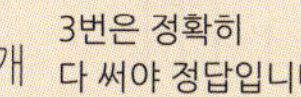 스스로 붙임딱지  

由

말미암을 유

뜻(훈) **말미암을**

소리(음) **유**

영어 **arise from 말미암다**

[**말미암을 유**는 **불을 밝히는 등잔**을 보고 만들었습니다.]

유라고 읽으며 말미암다, 까닭 등의 뜻이 있습니다.

예문 여름에 땀이 나는 **이유**는 날씨가 덥기 때문이다.
    = 여름에 땀이 나는 **까닭**은 날씨가 덥기 때문이다.

 📖 **교과어휘**

① **이유**(理 **由**) 어떤 일의 까닭 가을 1-2
   다스릴 리 말미암을 유
② **자유**(自 **由**) 무엇에 얽매이지 않고 자기 마음대로 함 국어활동 1·2
   스스로 자 말미암을 유
③ **자유형**(自 **由** 型) 경기 방법에 제한이 없는 수영 종목
   스스로 자 말미암을 유 모형 형
④ **자유자재**(自 **由** 自 在) 자유롭게 자기 마음대로 함
   스스로 자 말미암을 유 스스로 자 있을 재
⑤ **유래**(**由** 來) 사물이 겪어오거나 전해져 내려온 내용 사회 3-1
   말미암을 유 올 래
⑥ **부자유**(不 自 **由**) 무엇에 얽매여서 뜻대로 할 수 없음
   아닐 부 스스로 자 말미암을 유
⑦ **사유**(事 **由**) 어떠한 일을 그렇게 한 까닭
   일 사 말미암을 유

---

1 다음 한자의 뜻(훈)과 소리(음)를 써 보세요.

由   뜻(훈): ____________   소리(음): ____________

2 다음 뜻에 알맞은 단어를 골라 빈칸에 한글로 써 보세요.

[1] 어떠한 일을 그렇게 한 까닭

①事由   ②由來

[2] 경기 방법에 제한이 없는 수영 종목

①不自由   ②自由型
        모형 형

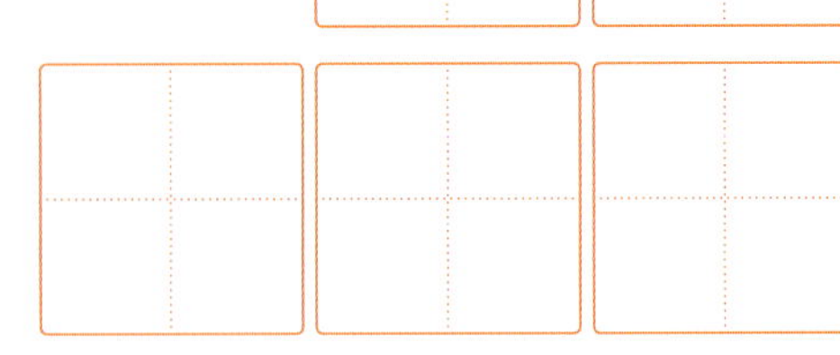

3 다음 **말미암을 유** 한자를 순서대로 써 보세요.

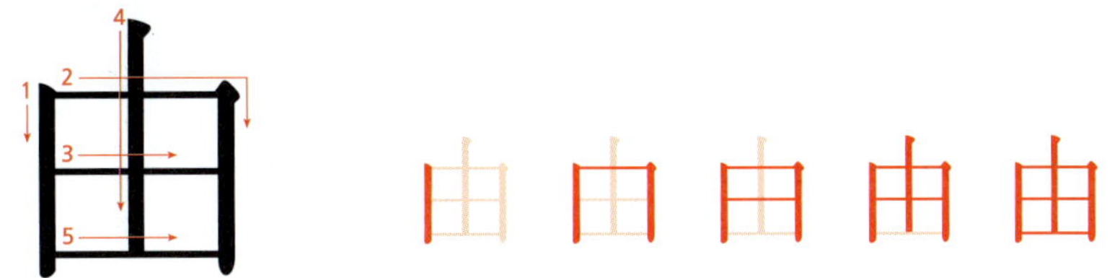

부수 田 (밭전, 5획) 획수 총 5획

1	2	3	4	5	6	7
由	由	由	由	由	由	由
말미암을 유	말미암을 유					

8	9	10	11	12	13	14

15	16	17	18	19	20	21

4 다음 문장 중 밑줄 친 한자의 음(音)을 써 보세요.

새들이 하늘을 自<u>由</u>롭게 날고 있다.

( )

5 다음 낱말 중 由 **말미암을 유** 한자가 쓰인 단어는 무엇인지 2개 골라 ○표를 해 보세요.

자유자재	고유	이유	소유자
자유롭게 자기 마음대로 함	어떤 것에만 특별히 있음. 또는 본래부터 있음	어떤 일의 까닭	무언가를 지니거나 가진 사람
( )	( )	( )	( )

5주차 **복습해보기** 한 주 동안 익혔던 한자들을 한 번 더 공부해 볼까요?

● 설명에 맞는 한자어를 빈칸에 한글로 써 보세요.

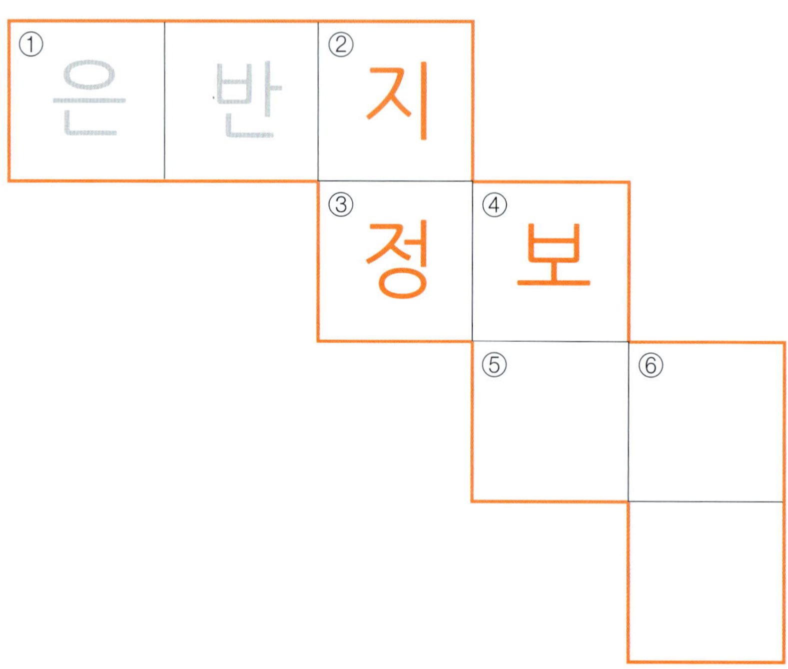

가로

① 銀 半 指

가리킬 **지**

은으로 만든 반지

③ 情 報
뜻 **정** 알릴 **보**

자료를 통해 알 수 있는 지식

⑤ 石 油

땅 속에서 나는 기름으로 자동차, 기계 등에 쓰임

세로

② 指 定
가리킬 **지** 정할 **정**

무언가를 분명하게 가리켜 정함

④ 寶 石
보배 **보**

반짝거리고 쉽게 변하지 않는 아름다운 돌

⑥ 由 來

사물이 겪어오거나 전해져 내려오는 내용

6주차

 주간학습계획표

회차	학습내용		학습계획일
26회	近 가까울 근		☐ 월 ☐ 일
27회	急 급할 급		☐ 월 ☐ 일
28회	高 높을 고		☐ 월 ☐ 일
29회	速 빠를 속		☐ 월 ☐ 일
30회	京 서울 경		☐ 월 ☐ 일

공부한 날 [　]월 [　]일
시작 시간 [　]시 [　]분

近

뜻(훈)　가까울
소리(음)　근

영어　close 가깝다

[**가까울 근**은 **도끼로 나무를 베어 거리를 가깝게 하는 모습**을 나타낸 한자입니다.]

근이라고 읽으며 가깝다, 가까이 하다, 친하다 등의 뜻이 있습니다.

예문　우리 집 근처에는 시장이 있어.
= 우리 집 가까운 곳에는 시장이 있어.

📖 교과어휘

① **근처**(近 處) 어딘가를 중심으로 그곳에서 가까운 곳　국어활동 1-2
　　가까울 근 곳 처
② **최근**(最 近) 얼마 지나지 않은 요즘　국어 2-1(나)
　　가장 최 가까울 근
③ **친근**(親 近) 사이가 가깝고 친함　국어 3-1(가)
　　친할 친 가까울 근
④ **근시**(近 視) 가까운 것은 잘 보이고 멀리 있는 것은 잘 안 보이는 눈의 상태
　　가까울 근 볼 시
⑤ **근황**(近 況) 요즘의 상황
　　가까울 근 상황 황
⑥ **부근**(附 近) 어떠한 대상을 중심에 놓고 거기에 가까운 곳　국어 4-1(나)
　　붙을 부 가까울 근
⑦ **근위병**(近 衛 兵) 왕을 가까이에서 지키는 병사　겨울 2-2
　　가까울 근 지킬 위 병사 병

---

1 다음 한자의 뜻(훈)과 소리(음)를 써 보세요.

近　뜻(훈): ________________　소리(음): ________________

---

2 다음 뜻에 알맞은 단어를 골라 빈칸에 한글로 써 보세요.

[1] 사이가 가깝고 친함

① 親近　　② 近視
　친할 친　　볼 시

[2] 얼마 지나지 않은 요즘

① 最近　　② 近況
　가장 최　　상황 황

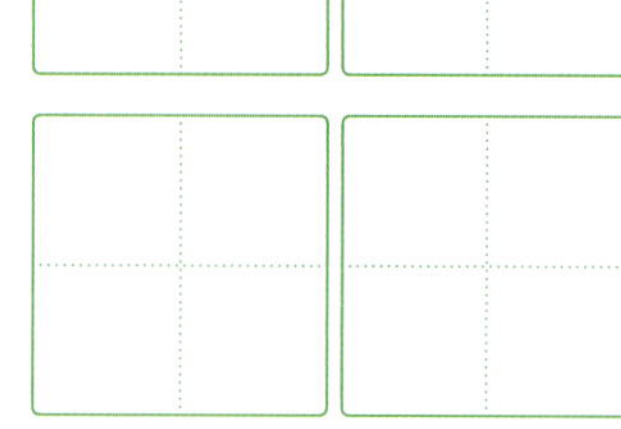

3 다음 **가까울 근** 한자를 순서대로 써 보세요.

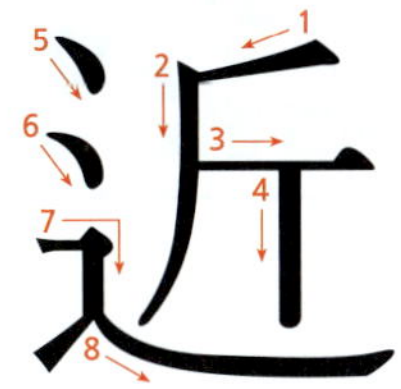

近 近 近 近 近 近 近 近

부수 辶(책받침, 4획) 획수 총 8획

가까울 근　가까울 근

4 다음 문장 중 빈칸에 들어갈 알맞은 단어를 골라 보세요. ·· [　　]

> 전쟁 중에 화살이 많이 필요했던 제갈량은 안개가 낀 날, 배를 타고 적군의 코앞까지 갔습니다. 그의 배가 (　　　　)에 오자 적군은 화살을 쏘아댔고, 제갈량의 배에는 수많은 화살이 꽂혔습니다. 그러자 제갈량은 "주신 화살 잘 쓰겠소!"라고 외치며 유유히 돌아갔습니다. 그렇게 해서 제갈량이 얻은 화살은 10만 개가 넘었다고 합니다.

① 근황(近況)　　② 근처(近處)　　③ 친근(親近)　　④ 근위병(近衛兵)
　　　상황 황　　　　　　곳 처　　　　　친할 친　　　　지킬 위　병사 병

5 다음 낱말 중 近 **가까울 근** 한자가 쓰인 단어는 무엇인지 2개 골라 ○표를 해 보세요.

근로자	근육	근위병	부근
일을 하여 돈을 버는 사람	동물의 움직임을 담당하는 기관	왕을 가까이에서 지키는 병사	어떠한 대상을 중심에 놓고 거기에 가까운 곳
(　　　)	(　　　)	(　　　)	(　　　)

끝난 시간 [　]시 [　]분　1회 분 푸는 데 걸린 시간 [　]분　5문제 중 [　]개　3번은 정확히 다 써야 정답입니다.　스스로 붙임딱지 

急

뜻(훈) **급할**

소리(음) **급**

영어 **hurry 서두르다**

[**급할 급**은 **떠나는 사람을 붙잡기 위해 따라가는 급한 마음**을 나타낸 한자입니다.]

급이라고 읽으며 급하다, 따르다, 갑자기 등의 뜻이 있습니다.

예문 친구가 다급하게 날 불렀어.
= 친구가 매우 급하게 날 불렀어.

📖 교과어휘

① **응급**실 (應 **急** 室) 병원에서 치료가 급한 환자를 빨리 돌볼 수 있도록 하는 방
응할 응 급할 급 집 실

② **구급**차 (救 **急** 車) 상태가 위급한 환자를 빨리 병원으로 이동시켜주는 차
구원할 구 급할 급 수레 차

③ **다급** (多 **急**) 일이 코앞에 닥쳐서 매우 급함 국어활동 1-2
많을 다 급할 급

④ **긴급** (緊 **急**) 일이 중요하고도 매우 급함 사회 3-1
긴할 긴 급할 급

⑤ **위급** (危 **急**) 상태나 상황이 위태롭고 급함 사회 3-1
위태할 위 급할 급

⑥ **급**속도 (**急** 速 度) 움직임이 아주 빠른 속도
급할 급 빠를 속 법도 도

⑦ **조급** (躁 **急**) 참을 수 없이 급함 국어 5-1(가)
조급할 조 급할 급

---

1 다음 한자의 뜻(훈)과 소리(음)를 써 보세요.

急   뜻(훈): ________________   소리(음): ________________

---

2 다음 뜻에 알맞은 단어를 골라 빈칸에 한글로 써 보세요.

[1] 일이 중요하고도 매우 급함

① 緊急   ② 躁急
긴할 긴   조급할 조

[2] 일이 코앞에 닥쳐서 매우 급함

① 危急   ② 多急
위태할 위   많을 다

3 다음 **급할 급** 한자를 순서대로 써 보세요.

急 急 急 急 急 急 急 急 急

부수 心 (마음심, 4획) 획수 총 9획

1	2	3	4	5	6	7
急	急	急	急	急	急	急
급할 급	급할 급					
8	9	10	11	12	13	14
急	急	急	急			
15	16	17	18	19	20	21

4 다음 문장 중 빈칸에 들어갈 알맞은 단어를 골라 보세요. ·························· [　　　]

> (　　　　　)은/는 치료가 급한 환자의 응급 처치를 하는 곳이다.

① 긴급(緊急)　② 응급실(應急室)　③ 구급차(救急車)　④ 조급(躁急)
긴할 긴　　　　응할 응　　　　구할 구　　　　조급할 조

5 다음 낱말 중 急 **급할 급** 한자가 쓰인 단어는 무엇인지 2개 골라 ○표를 해 보세요.

급수	구급차	학급	급속도
능력이나 기술에 따라 나눈 등급	상태가 위급한 환자를 빨리 병원으로 이동시켜주는 차	한 교실에서 함께 교육받는 반	움직임이 아주 빠른 속도
(　　　)	(　　　)	(　　　)	(　　　)

끝난 시간 　시 　분 1회 분 푸는 데 걸린 시간 　분 5문제 중 　개 3번은 정확히 다 써야 정답입니다. 스스로 붙임딱지

공부한 날 [　] 월 [　] 일
시작 시간 [　] 시 [　] 분

高

뜻(훈)　**높을**
소리(음)　**고**
영어　**high 높다**

높다

높을 고

높을 고

[**높을 고**는 **높게 지어진 건물**을 보고 만들었습니다.]

고라고 읽으며 높다, 높아지다, 높이다 등의 뜻이 있습니다.

예문　나는 우리 반에서 달리기가 **최고**로 빠르다.
= 나는 우리 반에서 달리기가 **가장** 빠르다.

📖 교과어휘

① **최고**(最 高) 가장 좋은 것. 또는 가장 높은 것　국어활동 1-1
　　가장 최 높을 고
② **고속도로**(高 速 道 路) 자동차가 높은 속도로 달릴 수 있게 만든 전용 도로
　　높을 고 빠를 속 길 도 길 로
③ **고구려**(高 句 麗) 주몽이 한반도 북쪽에 세운 나라　국어 3·2(나)
　　높을 고 글귀 구 고울 려
④ **고등학교**(高 等 學 校) 중학교를 마친 사람들에게 고등 교육이나 전문 교육을 하는 학교　사회 4-1
　　높을 고 무리 등 배울 학 학교 교
⑤ **고급**(高 級) 품질이나 수준이 높은 등급의 것　가을 2-2
　　높을 고 등급 급
⑥ **고함**(高 喊) 크게 외침　국어활동 3-1
　　높을 고 소리칠 함
⑦ **등고선**(等 高 線) 지도에서 높이가 같은 지점들을 연결한 선　사회 4-1
　　무리 등 높을 고 줄 선

---

1 다음 한자의 뜻(훈)과 소리(음)를 써 보세요.

高　　뜻(훈): ________________　　소리(음): ________________

2 다음 뜻에 알맞은 단어를 골라 빈칸에 한글로 써 보세요.

[1] 가장 좋은 것. 또는 가장 높은 것

① 高喊　　② 最高
　소리칠 함　　가장 최

[2] 자동차가 높은 속도로 달릴 수 있는 도로

① 高速道路　② 高等學校
　빠를 속　길 로　　무리 등

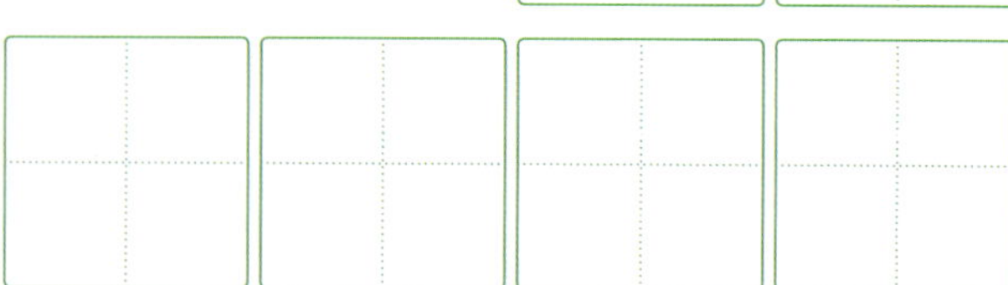

3 다음 **높을 고** 한자를 순서대로 써 보세요.

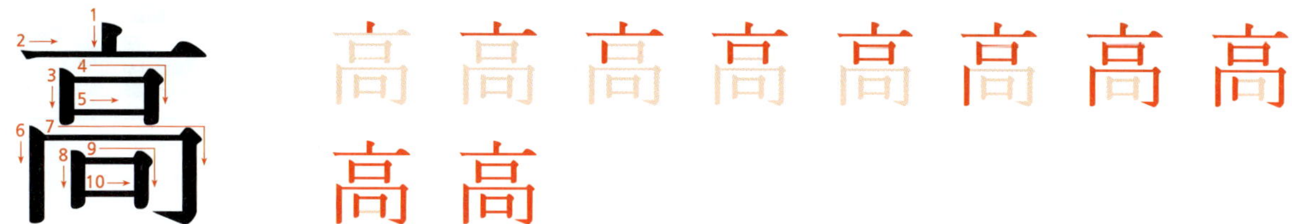

부수 高 (높을고, 10획) 획수 총 10획

1	2	3	4	5	6	7
高	高	高	高	高	高	高
높을 고	높을 고					

8	9	10	11	12	13	14
高	高	高	高	高		

15	16	17	18	19	20	21

4 다음 문장 중 밑줄 친 글자에 알맞은 한자를 보기에서 찾아 써 보세요.

보 기

咸　國　高　常

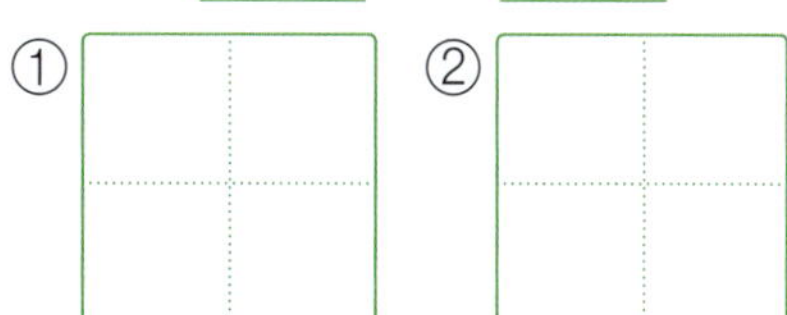

우리**나라**에는 **높은** 건물들이 많이 있어.

①　　②

5 다음 낱말 중 高 **높을 고** 한자가 쓰인 단어는 무엇인지 2개 골라 ○표를 해 보세요.

고통	고조선	등고선	고급
몸이나 마음의 아픔 또는 괴로움	단군이 세운 우리나라 최초의 국가	지도에서 높이가 같은 지점들을 연결한 선	품질이나 수준이 높은 등급의 것
( )	( )	( )	( )

끝난 시간 ☐ 시 ☐ 분　1회 분 푸는 데 걸린 시간 ☐ 분　5문제 중 ☐ 개　3번은 정확히 다 써야 정답입니다.　스스로 붙임딱지

공부한 날 [ ]월 [ ]일
시작 시간 [ ]시 [ ]분

速

뜻(훈)   빠를
소리(음)   속
[영어] fast 빠르다

[**빠를 속**은 **빨리 가는 모습**을 나타낸 한자입니다.]

속이라고 읽으며 빠르다, 빨리 하다 등의 뜻이 있습니다.

[예문] 우리나라의 대표적인 고속 철도는 KTX야.
= 우리나라의 대표적인 빠른 속도의 철도는 KTX야.

📖 교과어휘

① **속도**(速 度) 움직임이 빠른 정도 [국어활동 3-1]
　　빠를 속 법도 도
② **고속**(高 速) 빠른 속도 [사회 3-1]
　　높을 고 빠를 속
③ **초고속**(超 高 速) 굉장히 빠른 속도
　　뛰어넘을 초 높을 고 빠를 속
④ **과속**(過 速) 정해진 속도보다 빠름 [국어활동 3-2]
　　지날 과 빠를 속
⑤ **시속**(時 速) 한 시간을 기준으로 측정한 속도
　　때 시 빠를 속
⑥ **신속**(迅 速) 일이나 행동이 매우 빠름 [국어 5-1(나)]
　　빠를 신 빠를 속
⑦ **가속도**(加 速 度) 진행하면서 점점 빨라지는 속도
　　더할 가 빠를 속 법도 도

---

1 다음 한자의 뜻(훈)과 소리(음)를 써 보세요.

速   뜻(훈): _______________   소리(음): _______________

2 다음 뜻에 알맞은 단어를 골라 빈칸에 한글로 써 보세요.

[1] 굉장히 빠른 속도

① 超高速   ② 加速度
　뛰어넘을 초   더할 가   법도 도

[2] 한 시간을 기준으로 측정한 속도

① 高速   ② 時速

3 다음 **빠를 속** 한자를 순서대로 써 보세요.

速　速　速　速　速　速　速　速
速　速　速

부수 辶 (책받침, 4획) 획수 총 11획

4 다음 문장 중 밑줄 친 부분을 한자어로 써 보세요.

> 자동차 경주하는 차들의 **움직임이 빠른 정도**는 정말 어마어마하구나!

움직임이 빠른 정도 = ☐ 度

5 다음 낱말 중 速 **빠를 속** 한자가 쓰인 단어는 무엇인지 2개 골라 ○표를 해 보세요.

속담	신속	과속	민속놀이
예로부터 삶에서 얻은 가치를 담은 짧은 말	일이나 행동이 매우 빠름	정해진 속도보다 빠름	사람들 사이에서 예로부터 전해 내려오는 놀이
( )	( )	( )	( )

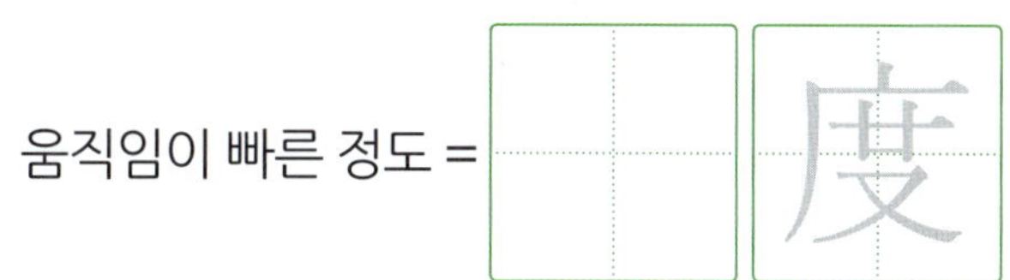

끝난 시간 ☐ 시 ☐ 분　1회 분 푸는 데 걸린 시간 ☐ 분　5문제 중 ☐ 개　3번은 정확히 다 써야 정답입니다.　스스로 붙임딱지

 공부한 날 [ ] 월 [ ] 일

 시작 시간 [ ] 시 [ ] 분

京

뜻(훈)　서울

소리(음)　경

영어　capital 수도

[**서울 경**은 **언덕 위에 있는 집의 모습**을 보고 만들었습니다.]

경이라고 읽으며 서울, 수도, 언덕 등의 뜻이 있습니다.

예문 나는 경기도에 살고 있어.
= 나는 서울을 둘러싼 도에 살고 있어.

📖 교과어휘

① **경**기도(京 畿 道) 서울을 둘러싸고 있는 도 [사회 3-1]
　　서울 경 경기 기 길 도

② 북**경**(北 京) 중국의 수도 베이징
　　북녘 북 서울 경

③ 귀**경**객(歸 京 客) 명절에 고향에 갔다가 서울로 돌아가는 사람
　　돌아갈 귀 서울 경 손 객

④ 상**경**(上 京) 다른 지역에서 서울로 올라감
　　윗 상 서울 경

⑤ 개**경**(開 京) 태조 왕건이 세운 고려의 수도 [사회 3-1]
　　열 개 서울 경

⑥ **경**극(京 劇) 노래, 춤을 하는 중국의 전통 연극
　　서울 경 심할 극

⑦ **경**춘선(京 春 線) 서울과 강원도 춘천을 잇는 철도
　　서울 경 봄 춘 줄 선

---

1 다음 한자의 뜻(훈)과 소리(음)를 써 보세요.

京　　뜻(훈): ______________　　소리(음): ______________

---

2 다음 뜻에 알맞은 단어를 골라 빈칸에 한글로 써 보세요.

[1] 중국의 수도 베이징

① 京劇　　② 北京
　심할 극

[2] 다른 지역에서 서울로 올라감

① 開京　　② 上京
　열 개

3 다음 **서울 경** 한자를 순서내로 써 보세요.

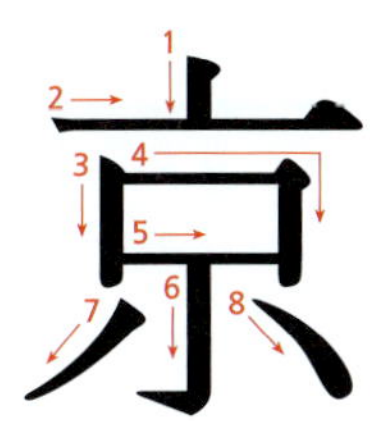

부수 亠 (돼지해머리, 2획) 획수 총 8획

1 京	2 京	3 京	4 京	5 京	6 京	7 京
서울 경	서울 경					
8 京	9 京	10 京	11	12	13	14
15	16	17	18	19	20	21

4 다음 문장 중 밑줄 친 글자에 알맞은 한자를 보기에서 찾아 써 보세요.

보기
> 倞　京　江　工

서울의 중심에는 한강이 흐르고 있어.

① 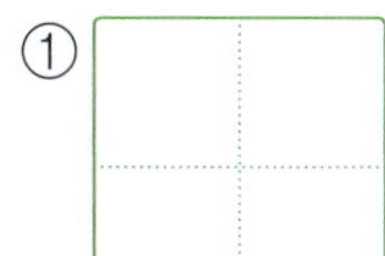　② 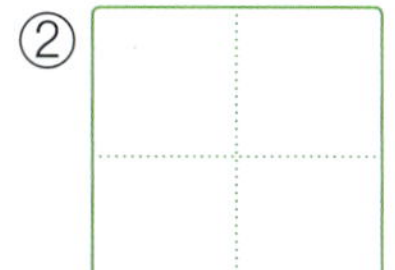

5 다음 낱말 중 京 **서울 경** 한자가 쓰인 단어는 무엇인지 2개 골라 ○표를 해 보세요.

경기도	귀경객	경찰	경치
서울을 둘러싸고 있는 도	명절에 고향에 갔다가 서울로 돌아가는 사람	국민의 생활과 안전을 지키는 공무원	아름다운 자연의 모습
(　　)	(　　)	(　　)	(　　)

끝난 시간 　시 　분 **1회 분 푸는 데 걸린 시간** 　분　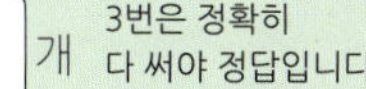 **5문제 중** 　개　3번은 정확히 다 써야 정답입니다.　스스로 붙임딱지 

● 밑줄 친 글자의 한자를 찾아 번호를 써 보세요.

홍길동

홍길동은 양반인 **아버지**와 노비인 어머니 사이에서 태어났습니다.
7

그래서 아버지를 아버지라 부르지 못하고 **형**을 형이라 부르지 못하는 슬픔에 집을 나와서 백성들을 위하는 의적이 되었습니다.

홍길동은 도술을 배워서 먼 길도 **가깝게** 만들어 **빠르게** 갈 수 있었고 매우 **높은** 곳도 단숨에 올라가 **서울**을 다 내려다볼 수 있었습니다.

또 순식간에 눈앞에서 **사라졌다가** 동해에서 번쩍 서해에서 번쩍하고 나타나기도 했습니다.

임금님은 도저히 홍길동을 잡을 수가 없자 결국 홍길동을 불러 벼슬을 내렸습니다.

벼슬을 받은 홍길동은 임금님에게 큰 절을 올리고 그대로 사라져서 저 먼**바다** 율도국의 왕이 되어 행복하게 살았습니다.

보기

아버지 부

① 近 ② 消 ③ 高 ④ 兄 ⑤ 京 ⑥ 海 ⑦ 父 ⑧ 速

7주차

 **주간학습계획표**

회차	학습내용	학습계획일
31회	昨 어제 작	월 일
32회	古 옛 고	월 일
33회	今 이제 금	월 일
34회	始 비로소 시	월 일
35회	作 지을 작	월 일

공부한 날 [ ]월 [ ]일
시작 시간 [ ]시 [ ]분

昨

뜻(훈)　어제
소리(음)　작

영어　yesterday 어제

[어제 작은 날 일(日)과 잠깐 사(乍)가 합쳐진 글자로, 잠깐 사이에 지나간 날을 나타낸 한자입니다.]

작이라고 읽으며 어제, 옛날 등의 뜻이 있습니다.

예문 주원이는 작년에 이사를 갔어.
= 주원이는 지난해에 이사를 갔어.

📖 교과어휘

① 작년(昨 年) 올해 바로 전의 해 [가을 1-2]
　어제 작 해 년
② 재작년(再 昨 年) 작년의 바로 전의 해
　두 재 어제 작 해 년
③ 재재작년(再 再 昨 年) 삼 년 전의 해
　두 재 두 재 어제 작 해 년
④ 작일(昨 日) 어제
　어제 작 날 일
⑤ 작야(昨 夜) 어젯밤
　어제 작 밤 야
⑥ 작금(昨 今) 얼마 전부터 지금까지를 이르는 말. 또는 어제와 오늘을 이르는 말
　어제 작 이제 금

---

1 다음 한자의 뜻(훈)과 소리(음)를 써 보세요.

昨　　뜻(훈): ______________　　소리(음): ______________

---

2 다음 뜻에 알맞은 단어를 골라 빈칸에 한글로 써 보세요.

[1] 어제

①昨日　　②昨年

[2] 어젯밤

①昨今　　②昨夜
　이제 금

3 다음 **어제 작** 한자를 순서대로 써 보세요.

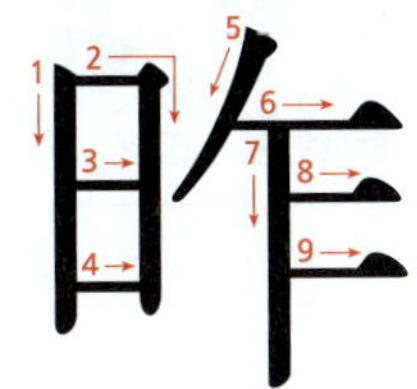

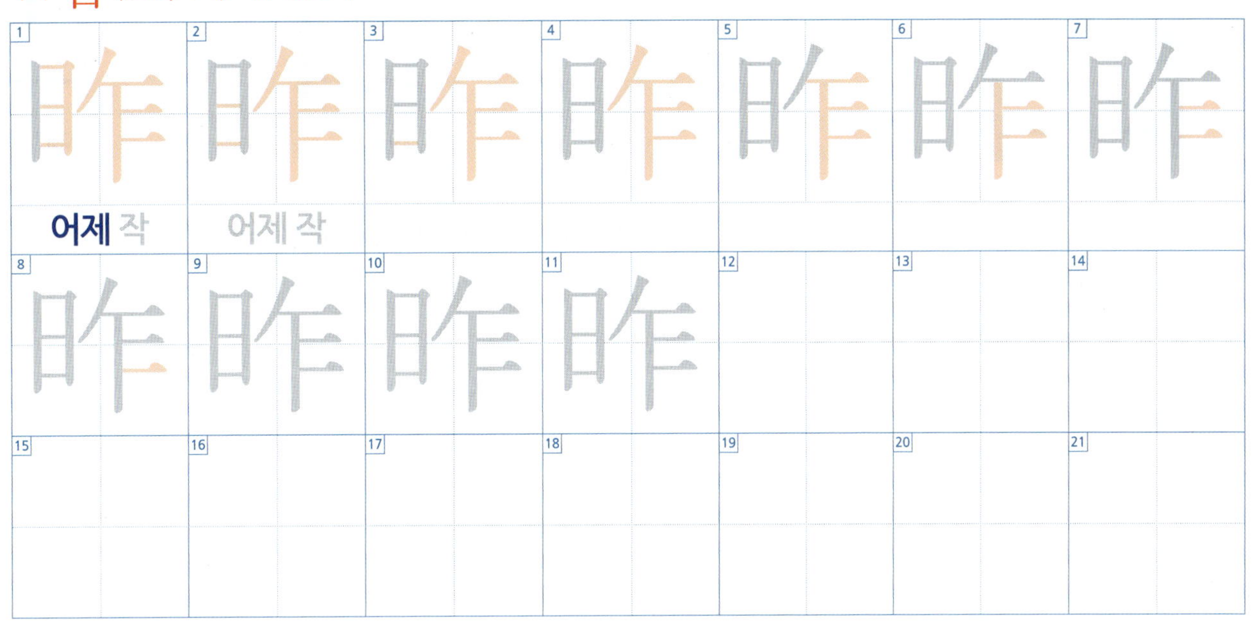

부수 日 (날일, 4획) 획수 총 9획

1 昨	2 昨	3 昨	4 昨	5 昨	6 昨	7 昨
어제 작	어제 작					
8 昨	9 昨	10 昨	11 昨	12	13	14
15	16	17	18	19	20	21

4 다음 문장 중 밑줄 친 글자에 알맞은 한자를 보기에서 찾아 써 보세요.

보기

昨 作 煎 前 先 失

<u>어제</u> 친구들과 놀이터 **앞**에서 놀다가 반지를 **잃어**버렸어.

① 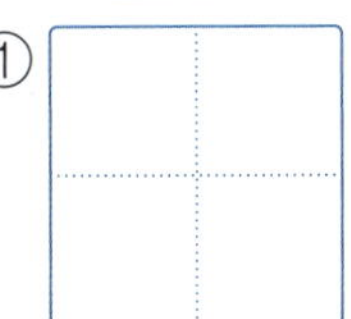 ② 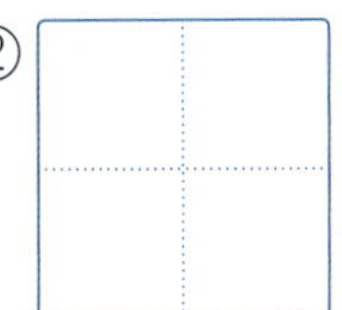 ③ 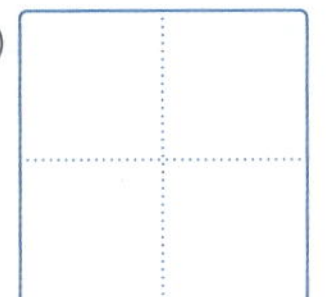

5 다음 낱말 중 昨 **어제 작** 한자가 쓰인 단어는 무엇인지 2개 골라 ○표를 해 보세요.

재재작년	오작교	작곡가	재작년
삼 년 전의 해	칠월칠석에 까치와 까마귀들이 만드는 다리	음악을 만드는 사람	작년의 바로 전의 해
( )	( )	( )	( )

 끝난 시간 [ ]시 [ ]분  1회 분 푸는 데 걸린 시간 [ ]분 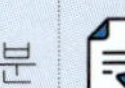 5문제 중 [ ]개 3번은 정확히 다 써야 정답입니다. 스스로 붙임딱지 

古

뜻(훈)　옛
소리(음)　고

영어　old days 옛날

[**옛 고**는 **여러 세대에 걸쳐 입으로 이야기가 전해 내려오는 모습**을 나타낸 글자입니다.]

고라고 읽으며 옛날, 낡다 등의 뜻이 있습니다.

예문　경복궁은 우리나라의 **고궁**이야.
　　＝ 경복궁은 우리나라의 **옛날 궁궐**이야.

📖 교과어휘

① **고대**(古 代) 아주 멀고 오랜 옛날　사회 4-1
　　옛고 대신할 대
② **고조선**(古 朝 鮮) 단군이 세운 우리나라 최초의 부족 국가
　　옛 고 아침 조 고울 선
③ **고물**(古 物) 오래되고 낡은 물건　국어활동 1-2
　　옛고 물건 물
④ **고물상**(古 物 商) 고물을 사거나 파는 곳　국어 6-1(가)
　　옛고 물건 물 장사 상
⑤ **고전**(古 典) 옛날에 쓰인 작품이지만 지금까지도 읽을 만한 가치를 지니는 것　국어활동 3-2
　　옛고 법전
⑥ **고고학**(考 古 學) 유적과 유물을 통해 옛날 시대를 연구하는 학문
　　생각할 고 옛고 배울 학
⑦ **고궁**(古 宮) 옛날 궁궐　국어 4-2(나)
　　옛고 집궁

---

1 다음 한자의 뜻(훈)과 소리(음)를 써 보세요.

古　　뜻(훈): ＿＿＿＿＿＿＿　　소리(음): ＿＿＿＿＿＿＿

2 다음 뜻에 알맞은 단어를 골라 빈칸에 한글로 써 보세요.

[1] 오래되고 낡은 물건

① 古典 　　② 古物
　법 전

[2] 유적과 유물을 통해 옛날 시대를 연구하는 학문

① 古物商 　　② 考古學
　장사 상　　생각할 고

3 다음 **옛 고** 한자를 순서대로 써 보세요.

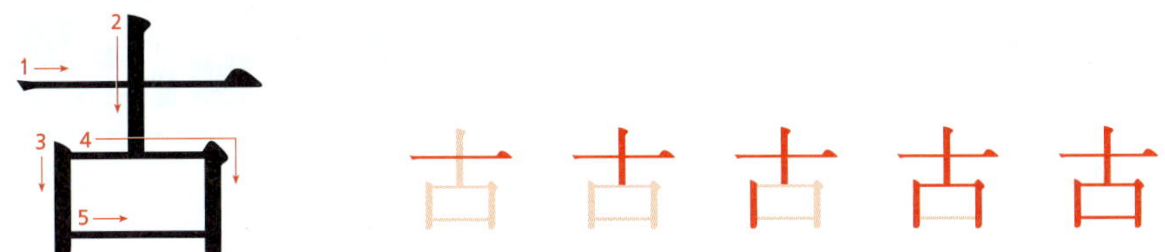

부수 口 (입구, 3획) 획수 총 5획

1	2	3	4	5	6	7
옛고	옛고					
8	9	10	11	12	13	14
15	16	17	18	19	20	21

4 다음 문장 중 밑줄 친 부분을 한자어로 써 보세요.

인간이 되고 싶던 호랑이와 곰이 있었습니다. 환웅은 그들이 백일 동안 쑥과 마늘만 먹으면 소원을 들어주겠다고 했습니다. 며칠 만에 포기한 호랑이와 달리, 백일을 다 버틴 곰은 인간이 되어 환웅과 결혼하고 아들 단군을 낳았습니다. 단군은 자라서 나라를 세웠는데, 그것이 바로 <u>우리나라 최초의 국가</u>입니다.

우리나라 최초의 국가 = 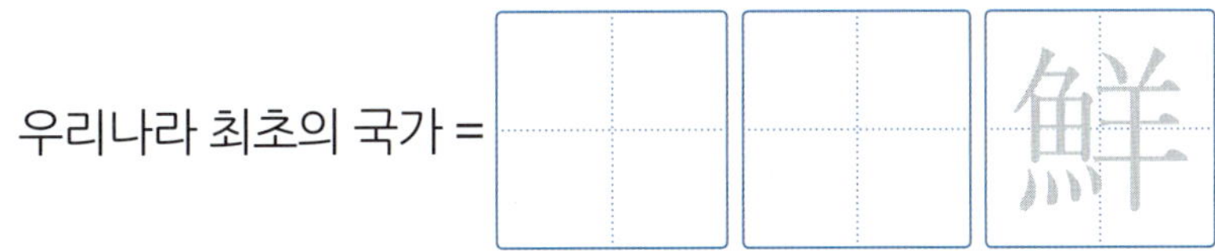

5 다음 낱말 중 古 **옛 고** 한자가 쓰인 단어는 무엇인지 2개 골라 ○표를 해 보세요.

최고	고궁	고급	고대
가장 좋거나 높은 것	옛날 궁궐	높은 등급의 것	아주 멀고 오랜 옛날
( )	( )	( )	( )

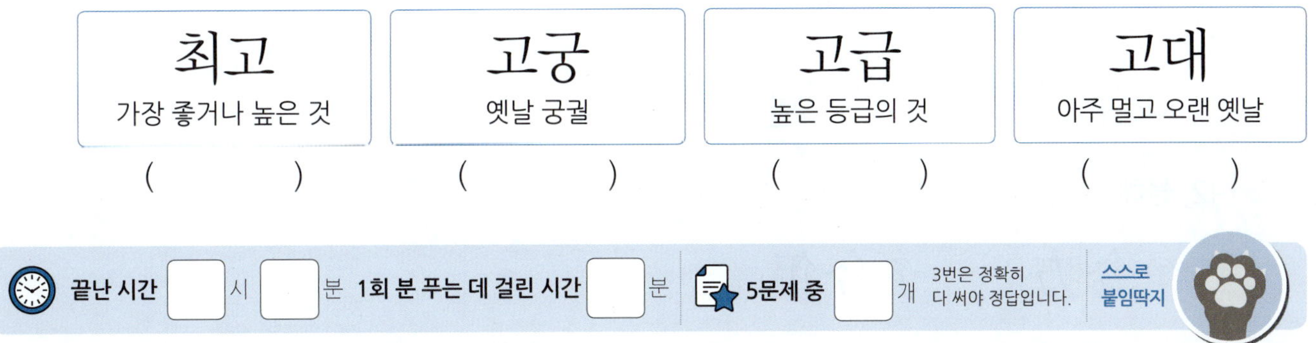

📅 공부한 날 [　] 월 [　] 일
⏱️ 시작 시간 [　] 시 [　] 분

今

이제

이제 금

이제 금

뜻(훈)　이제
소리(음)　금
영어 now 지금

[이제 **금**은 **세월이 흐르고 쌓여 지금에 이른 모습**을 나타낸 한자입니다.]

금이라고 읽으며 이제, 지금, 오늘, 현재, 곧 등의 뜻이 있습니다.

예문 숙제를 다 끝냈으니, 지금부터 신나게 놀아야지!
= 숙제를 다 끝냈으니, 이제부터 신나게 놀아야지!

📖 교과어휘

① **지금**(只 今) 바로 이 시간 〔가을 1-2〕
　다만 지 이제 금

② **금방**(今 方) 바로 전. 또는 바로 후 〔국어 2-1(나)〕
　이제 금 모 방

③ **금년**(今 年) 올해
　이제 금 해 년

④ **금일**(今 日) 오늘
　이제 금 날 일

⑤ **금주**(今 週) 이번 주 〔사회 4-1〕
　이제 금 돌 주

⑥ **금시초문**(今 時 初 聞) 전혀 모르다가 이제야 처음 들음
　이제 금 때 시 처음 초 들을 문

⑦ **동서고금**(東 西 古 今) 동양과 서양, 옛날과 지금. 모든 장소와 시대를 이르는 말
　동녘 동 서녘 서 옛 고 이제 금

---

1 다음 한자의 뜻(훈)과 소리(음)를 써 보세요.

今　　뜻(훈): ________________　　소리(음): ________________

---

2 다음 뜻에 알맞은 단어를 골라 빈칸에 한글로 써 보세요.

[1] 오늘

① 今 日　　② 今 週
　　　　　　　　돌 주

[2] 올해

① 今 方　　② 今 年

3 다음 **이제** **금** 한자를 순서대로 써 보세요.

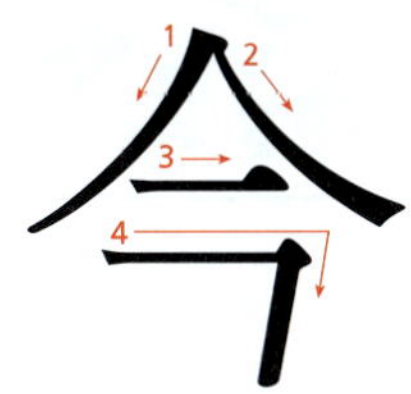

부수 **人** (사람인, 2획) 획수 총 4획

이제 금

4 다음 문장 중 빈칸에 들어갈 알맞은 단어를 골라 보세요. ·································· [　　　　]

> (　　　　)부터 ○○초등학교 제100회 입학식을 시작하도록 하겠습니다.

① 지금(只今)
다만 지

② 금방(今方)

③ 금시초문(今時初聞)
처음 초　들을 문

5 다음 낱말 중 今 **이제** **금** 한자가 쓰인 단어는 무엇인지 2개 골라 ○표를 해 보세요.

황금	금시초문	금요일	동서고금
노란색 금	전혀 모르다가 이제야 처음 들음	일주일의 다섯 번째 요일	동양과 서양, 옛날과 지금
(　　　)	(　　　)	(　　　)	(　　　)

끝난 시간 [　] 시 [　] 분　**1회 분 푸는 데 걸린 시간** [　] 분　**5문제 중** [　] 개　3번은 정확히 다 써야 정답입니다.　스스로 붙임딱지 

7주 33회 정답 133쪽

공부한 날 [ ] 월 [ ] 일
시작 시간 [ ] 시 [ ] 분

始

뜻(훈)　비로소
소리(음)　시
영어　first 처음

처음

비로소 시

비로소 시

[**비로소 시**는 **엄마가 아이에게 밥을 먹이는 모습**을 나타낸 한자입니다.]

시라고 읽으며 비로소(처음), 시작 등의 뜻이 있습니다.

예문 오늘부터 피아노 연습을 시작하기로 마음먹었어!
= 오늘부터 피아노 연습을 하려고 마음먹었어!

📖 **교과어휘**

① **시작**(始 作) 어떤 일을 처음으로 함　국어 1-1(가)
　　비로소 시 지을 작
② **시작종**(始 作 鐘) 시작 시간을 알려주는 종소리　국어 5-1(나)
　　비로소 시 지을 작 쇠북 종
③ **시작점**(始 作 點) 시작하는 곳　국어 5-1(나)
　　비로소 시 지을 작 점 점
④ **원시인**(原 始 人) 원시시대의 인류　국어 3-1(가)
　　근원 원 비로소 시 사람 인
⑤ **시동**(始 動) 처음으로 움직임을 시작함. 또는 기계가 움직이기 시작하도록 하는 것
　　비로소 시 움직일 동
⑥ **시구**(始 球) 야구 경기 시작 전에 유명 인사가 공을 던지는 것
　　비로소 시 공 구
⑦ **개시**(開 始) 어떤 일이나 행동을 처음으로 하기 시작함
　　열 개 비로소 시

1 다음 한자의 뜻(훈)과 소리(음)를 써 보세요.

始　　뜻(훈): ＿＿＿＿＿＿＿＿＿＿　소리(음): ＿＿＿＿＿＿＿＿＿＿

2 다음 뜻에 알맞은 단어를 골라 빈칸에 한글로 써 보세요.

[1] 기계가 움직이기 시작하도록 하는 것

① 始動　　② 開始
　　　　　　열 개

[2] 어떤 일을 처음으로 함

① 始球　　② 始作
　공 구　　　지을 작

3 다음 **비로소 시** 한자를 순서대로 써 보세요.

부수 **女** (여자녀, 3획) 획수 총 8획

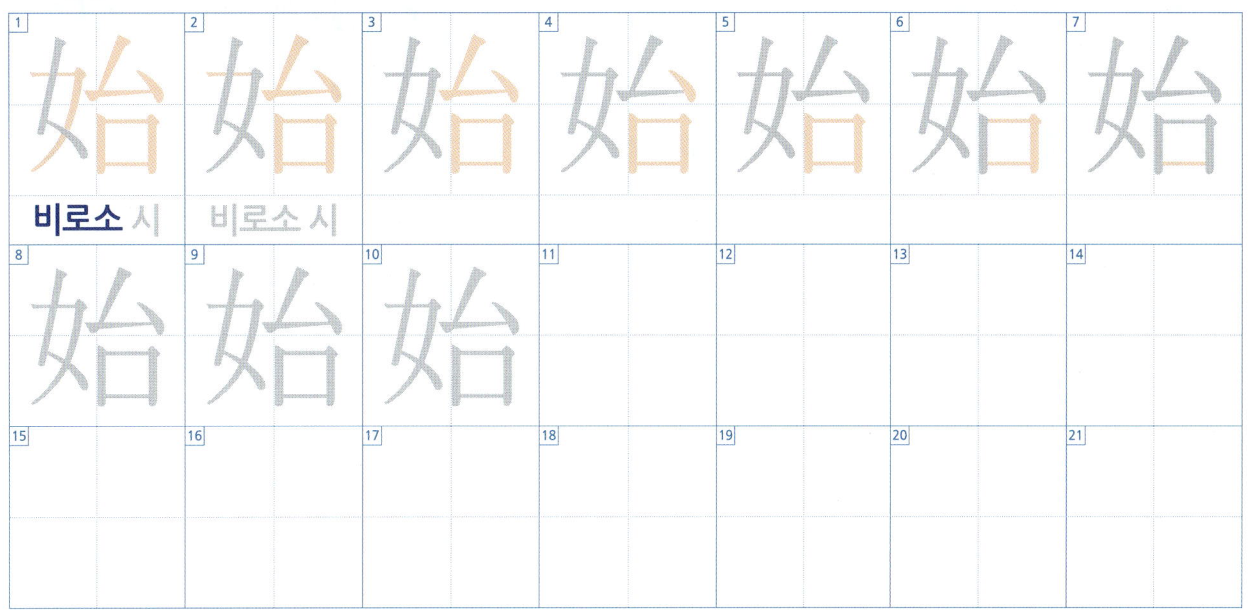

4 다음 문장 중 밑줄 친 부분을 한자어로 써 보세요.

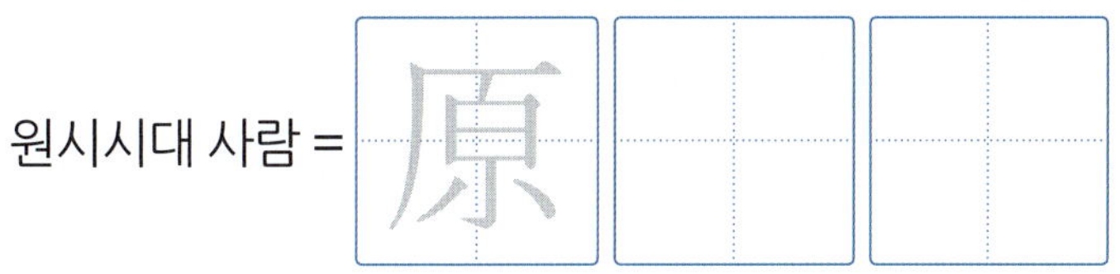

<u>원시시대 사람</u>들은 어떻게 살았을까요? 그들은 동굴이나 움집에서 무리를 이루어서 살았습니다. 혼자서는 사냥이 힘들었기 때문입니다. 사냥한 동물의 고기는 나눠 먹고, 가죽은 옷으로 만들었습니다. 그들은 이런 생활 모습을 벽에 그리기도 했는데, 그중 오늘날까지 남아 있는 벽화들도 있습니다.

원시시대 사람 = 原 ☐ ☐

5 다음 낱말 중 始 **비로소 시** 한자가 쓰인 단어는 무엇인지 2개 골라 ○표를 해 보세요.

시식	시작종	동시	시작점
시험 삼아 먹어봄	시작 시간을 알려주는 종소리	어린이를 대상으로 하는 시	시작하는 곳
( )	( )	( )	( )

공부한 날 　월 　일
시작 시간 　시 　분

作

뜻(훈)	지을
소리(음)	작
영어	make 만들다

[**지을 작**은 **사람이 옷을 만드는 모습**을 나타낸 한자입니다.]

작이라고 읽으며 짓다, 하다, 만들다, 일하다 등의 뜻이 있습니다.

예문 이 소설책의 작가는 아주 유명해.
= 이 소설책의 지은이는 아주 유명해.

📖 교과어휘

① **작**가(作 家) 예술품을 만드는 사람 　국어 3-1(가)
　　지을 작 집 가
② **작**품(作 品) 예술 활동을 통해 만들어진 결과물 　국어 1-1(가)
　　지을 작 물건 품
③ **작**곡(作 曲) 음악을 만듦 　국어 1-2(가)
　　지을 작 굽을 곡
④ 시**작**(始 作) 처음으로 함 　국어 1-1(가)
　　비로소 시 지을 작
⑤ 동**작**(動 作) 몸을 움직임 　국어 1-2(가)
　　움직일 동 지을 작
⑥ **작**업(作 業) 일터에서 육체적 또는 정신적인 일을 함 　국어 4-1(가)
　　지을 작 업 업
⑦ **작**전(作 戰) 어떤 일을 이루기 위해 세우는 계획이나 방법 　국어 4-2(가)
　　지을 작 싸움 전

---

1 다음 한자의 뜻(훈)과 소리(음)를 써 보세요.

作 　뜻(훈): ＿＿＿＿＿＿＿ 　소리(음): ＿＿＿＿＿＿＿

2 다음 뜻에 알맞은 단어를 골라 빈칸에 한글로 써 보세요.

[1] 예술품을 만드는 사람

① 作曲 　② 作家
　굽을 곡

[2] 예술 활동을 통해 만들어진 결과물

① 動作 　② 作品
　　　　물건 품

3 다음 **지을 작** 한자를 순서대로 써 보세요.

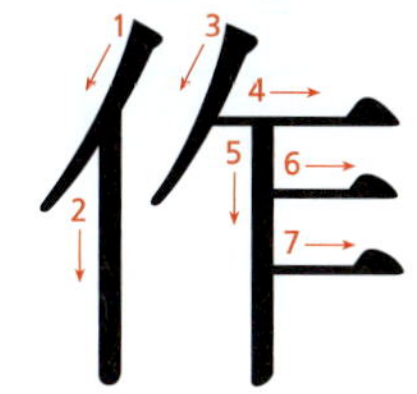

부수 亻(사람인변, 2획) 획수 총 7획

1 作	2 作	3 作	4 作	5 作	6 作	7 作
지을 작	지을 작					
8 作	9 作	10	11	12	13	14
15	16	17	18	19	20	21

4 다음 문장 중 빈칸에 들어갈 알맞은 단어를 골라 보세요. ·· [   ]

> 이순신 장군은 전쟁에서 이기기 위해 학익진 (   )을 펼쳤다.
>
> *학익진: 학이 날개를 편 모양의 진

① 시작(**始作**) 　　② 작업(**作業**) 　　③ 동작(**動作**) 　　④ 작전(**作戰**)
　　　　　　　　　　　　　　업 업　　　　　　　　　　　　　　　　싸움 전

5 다음 낱말 중 作 **지을 작** 한자가 쓰인 단어는 무엇인지 2개 골라 ○표를 해 보세요.

동작	공작새	작곡	무작정
몸을 움직임	꿩꽈에 속하는 새로, 매우 화려한 깃털이 특징	음악을 만듦	어떻게 하겠다고 미리 정한 것 없이 함
( )	( )	( )	( )

7주차 **복습해보기** 한 주 동안 익혔던 한자들을 한 번 더 공부해 볼까요?

● 다음 설명에 맞는 한자에 동그라미 쳐보세요.

예시   一 과 **음(音)**이 같은 한자

1 昨 과 **음(音)**이 같은 한자

2 古 와 **음(音)**이 같은 한자

3 始 와 **음(音)**이 같은 한자

8주차

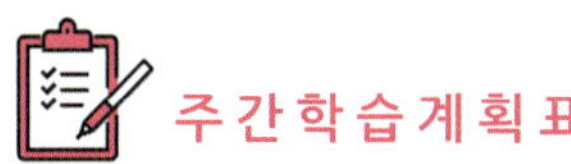 **주간학습계획표**

회차	학습내용		학습계획일
36회	米 **쌀 미**		☐ 월 ☐ 일
37회	飮 **마실 음**		☐ 월 ☐ 일
38회	席 **자리 석**		☐ 월 ☐ 일
39회	定 **정할 정**		☐ 월 ☐ 일
40회	待 **기다릴 대**		☐ 월 ☐ 일

米

뜻(훈)	쌀
소리(음)	미
영어	rice 쌀

[**쌀 미**는 **쌀의 모양**을 보고 만들었습니다.]

미라고 읽으며 쌀 등의 뜻이 있습니다.

예문 현미로 만든 밥은 씹는 재미가 있어.
= 속껍질을 벗기지 않은 쌀로 만든 밥은 씹는 재미가 있어.

📖 교과어휘

① **백미**(白 米) 하얀 쌀
흰 백 쌀 미
② **현미**(玄 米) 벼의 겉껍질만 벗기고 속껍질은 벗기지 않은 쌀
검을 현 쌀 미
③ **흑미**(黑 米) 겉은 까맣고 속은 하얀 쌀
검을 흑 쌀 미
④ **미음**(米 飮) 쌀을 끓여 죽처럼 만든 음식
쌀 미 마실 음
⑤ **공양미**(供 養 米) 부처님께 바치는 쌀
이바지할 공 기를 양 쌀 미
⑥ **정미소**(精 米 所) 쌀을 찧고 빻는 방앗간
찧을 정 쌀 미 바 소

---

1 다음 한자의 뜻(훈)과 소리(음)를 써 보세요.

米   뜻(훈): _______________   소리(음): _______________

---

2 다음 뜻에 알맞은 단어를 골라 빈칸에 한글로 써 보세요.

[1] 하얀 쌀

① 米飮   ② 白米
마실 음

[2] 겉은 까맣고 속은 하얀 쌀

① 玄米   ② 黑米
검을 현   검을 흑

3 다음 **쌀 미** 한자를 순서대로 써 보세요.

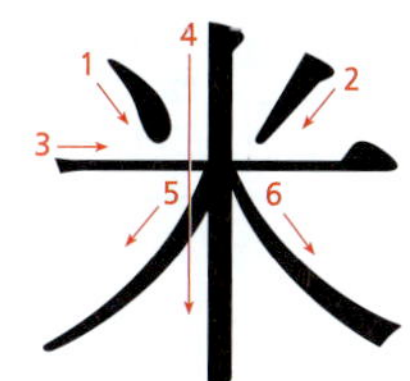

米 米 米 米 米 米

부수 米 (쌀미, 6획) 획수 총 6획

4 다음 문장 중 밑줄 친 부분이 뜻하는 단어를 골라 보세요. ································· [   ]

> 심청이는 아버지의 눈을 뜨게 하기 위해 **부처님께 바치는 쌀** 삼백 석을 구하고자 했습니다. 마침 바다에 바칠 제물을 구하던 상인들을 만나 심청이는 임당수에 빠졌습니다. 심청이의 효심에 감동한 용왕님은 심청이를 연꽃에 태워 육지로 보내주었고 심청이와 아버지는 함께 오래오래 살았습니다.

① 미음(米飮)
마실 음

② 공양미(供養米)
이바지할 공 기를 양

③ 정미소(精米所)
찧을 정

5 다음 낱말 중 米 **쌀 미** 한자가 쓰인 단어는 무엇인지 2개 골라 ○표를 해 보세요.

미래	현미	취미	미음
아직 오지 않은 날이나 때	벼의 겉껍질만 벗기고 속껍질은 벗기지 않은 쌀	좋아서 하는 일	쌀을 끓여 죽처럼 만든 음식
( )	( )	( )	( )

8주
36회
정답 134쪽

공부한 날 [ ]월 [ ]일
시작 시간 [ ]시 [ ]분

飮

뜻(훈)　마실
소리(음)　음
영어　drink 마시다

[마실 음은 입을 크게 벌리고 물을 마시는 모습을 나타낸 한자입니다.]

음이라고 읽으며 마시다, 음료 등의 뜻이 있습니다.

예문　내가 가장 좋아하는 음식은 김치찌개야.
　　　= 내가 가장 좋아하는 먹을 것은 김치찌개야.

교과어휘

① 음식(飮 食) 사람이 먹는 것과 마시는 것　[국어 1-1(나)]
　마실 음 밥 식
② 음식점(飮 食 店) 음식을 만들거나 파는 가게　[가을 2-2]
　마실 음 밥 식 가게 점
③ 음료수(飮 料 水) 목마름을 달래거나 맛을 즐기기 위한 마실 것　[국어활동 1-1]
　마실 음 헤아릴 료 물 수
④ 탄산음료(炭 酸 飮 料) 콜라, 사이다와 같이 입에서 톡톡 튀는 시원한 느낌의 음료
　숯 탄 실 산 마실 음 헤아릴 료
⑤ 음수대(飮 水 臺) 물을 마실 수 있도록 장치해놓은 곳
　마실 음 물 수 대 대
⑥ 시음(試 飮) 맛을 보려고 시험 삼아 조금 마심
　시험 시 마실 음
⑦ 전통음료(傳 統 飮 料) 과거부터 전해져 내려온 그 나라 고유의 마실 것
　전할 전 거느릴 통 마실 음 헤아릴 료

---

1 다음 한자의 뜻(훈)과 소리(음)를 써 보세요.

飮　　뜻(훈): ＿＿＿＿＿＿＿＿＿　　소리(음): ＿＿＿＿＿＿＿＿＿

---

2 다음 뜻에 알맞은 단어를 골라 빈칸에 한글로 써 보세요.

[1] 음식을 만들거나 파는 가게

①飮食店　　②飮水臺
　가게 점　　　대 대

[2] 사람이 먹는 것과 마시는 것

①試飮　　②飮食
　시험 시

3 다음 **마실** **음** 한자를 순서대로 써 보세요.

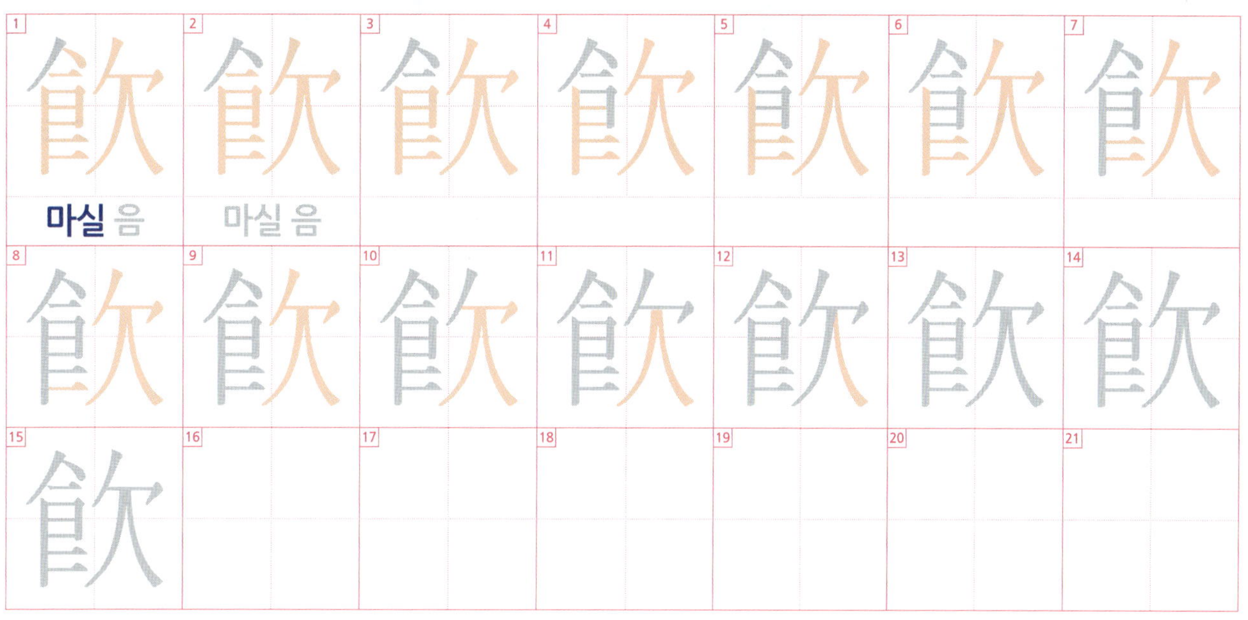

부수 食(밥식변, 9획) 획수 총 13획

飮 **마실** 음	飮 마실 음	飮	飮	飮	飮	飮
飮	飮	飮	飮	飮	飮	飮
飮						

4 다음 문장 중 밑줄 친 한자의 음(音)을 써 보세요.

나는 포도맛 <u>飮料水</u>를 마셨어.

(   )

5 다음 낱말 중 飮 **마실** **음** 한자가 쓰인 단어는 무엇인지 2개 골라 ○표를 해 보세요.

전통음료	훈민정음	고음	탄산음료
과거부터 전해져 내려온 그 나라 고유의 마실 것	세종대왕이 만든 우리나라 글자	음이 높은 소리	콜라, 사이다와 같이 입에서 톡톡 튀는 시원한 느낌의 음료
( )	( )	( )	( )

끝난 시간 ☐ 시 ☐ 분 1회 분 푸는 데 걸린 시간 ☐ 분 5문제 중 ☐ 개 3번은 정확히 다 써야 정답입니다. 스스로 붙임딱지

8주 37회 정답 134쪽

공부한 날 [ ]월 [ ]일
시작 시간 [ ]시 [ ]분

席

뜻(훈)　자리
소리(음)　석
영어　seat 자리

[**자리 석**은 **그늘에 돗자리를 깔고 앉는 모습**을 나타낸 한자입니다.]

석이라고 읽으며 자리, 앉다 등의 뜻이 있습니다.

예문 영화관에서는 정해진 좌석에 앉아야 해.
= 영화관에서는 정해진 자리에 앉아야 해.

📖 교과어휘

① **방석**(方 席) 앉을 때 깔고 앉는 것　국어 5·1(나)
　모 방 자리 석
② **출석**(出 席) 수업 등에 참석함
　날 출 자리 석
③ **결석**(缺 席) 수업 등에 나가지 않음　국어 3·2(나)
　이지러질 결 자리 석
④ **즉석**(卽 席) 바로 그 자리　국어 2·2(가)
　곧 즉 자리 석
⑤ **관중석**(觀 衆 席) 공연장이나 경기장에서 구경하는 사람들이 앉는 자리
　볼 관 무리 중 자리 석
⑥ **좌석**(座 席) 사람이 앉을 수 있도록 마련한 자리　국어 5·1(나)
　자리 좌 자리 석
⑦ **참석**(參 席) 회의나 모임, 자리 등에 참여함　사회 3·1
　참여할 참 자리 석

---

1 다음 한자의 뜻(훈)과 소리(음)를 써 보세요.

席　　뜻(훈): ______________　　소리(음): ______________

2 다음 뜻에 알맞은 단어를 골라 빈칸에 한글로 써 보세요.

[1] 수업 등에 참석함

① 出席　　② 缺席
　　　　　이지러질 결

[2] 앉을 때 깔고 앉는 것

① 方席　　② 座席
　　　　　자리 좌

3 다음 **자리 석** 한자를 순서대로 써 보세요.

부수 巾 (수건건, 3획) 획수 총 10획

1 席	2 席	3 席	4 席	5 席	6 席	7 席
자리 석	자리 석					
8 席	9 席	10 席	11 席	12 席	13	14
15	16	17	18	19	20	21

4 다음 문장 중 밑줄 친 부분이 뜻하는 단어를 골라 보세요. ……………………………… [　　　]

> 아저씨께서 **바로 그 자리**에서 솜사탕을 만들어 주셨다.

① 참석(參 席)　　　② 좌석(座 席)　　　③ 즉석(卽 席)
　참여할 참　　　　　　자리 좌　　　　　　　곧 즉

5 다음 낱말 중 席 **자리 석** 한자가 쓰인 단어는 무엇인지 2개 골라 ○표를 해 보세요.

분석	석양	결석	관중석
어떤 대상을 다양한 각도에서 논리적으로 살핌	해가 지는 저녁 무렵의 햇빛	수업 등에 나가지 않음	공연장이나 경기장에서 구경하는 사람들이 앉는 자리
(　　)	(　　)	(　　)	(　　)

8
주

38
회

정답
134쪽

 끝난 시간 [　] 시 [　] 분 1회 분 푸는 데 걸린 시간 [　] 분　5문제 중 [　] 개　3번은 정확히 다 써야 정답입니다.　스스로 붙임딱지 

공부한 날 [ ]월 [ ]일
시작 시간 [ ]시 [ ]분

定

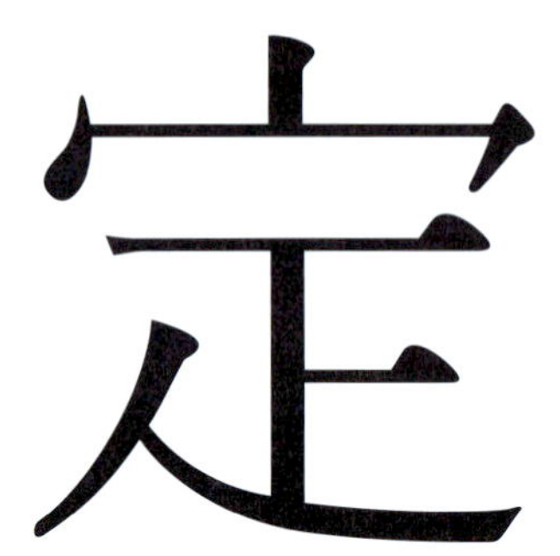
정하다

정할 정

정할 정

뜻(훈) 정할
소리(음) 정

영어 decide 정하다

[**정할 정**은 **집 안의 물건을 바르게 정리하는 모습**을 나타낸 한자입니다.]

정이라고 읽으며 정하다, 정해지다 등의 뜻이 있습니다.

예문 나는 논술 대회에 나가기로 결정했어.
= 나는 논술 대회에 나가기로 확실히 정했어.

교과어휘

① **결정**(決 定) 어떤 일에 대해 마지막으로 확실히 그렇게 정함 〔국어 2-1(가)〕
결단할 결 정할 정

② **고정**(固 定) 한번 정한 것에서 변함이 없음 〔겨울 1-2〕
굳을 고 정할 정

③ **확정**(確 定) 틀림없이 굳게 정함 〔국어 2-1(가)〕
굳을 확 정할 정

④ **긍정**(肯 定) 그렇다고 옳다고 믿고 인정함 〔국어 6-1(나)〕
즐길 긍 정할 정

⑤ **무작정**(無 酌 定) 어떻게 하겠다고 미리 정한 것 없이 함
없을 무 술 부을 작 정할 정

⑥ **안정적**(安 定 的) 바뀌거나 흔들리지 않고 편안하게 정해진 모양 〔국어 4-1(가)〕
편안 안 정할 정 과녁 적

⑦ **예정**(豫 定) 미리 일을 정하여 둠 〔국어 4-1(나)〕
미리 예 정할 정

---

1 다음 한자의 뜻(훈)과 소리(음)를 써 보세요.

定   뜻(훈): ___________   소리(음): ___________

2 다음 뜻에 알맞은 단어를 골라 빈칸에 한글로 써 보세요.

[1] 어떻게 하겠다고 미리 정한 것 없이 함

① 無酌定   ② 安定的
없을무 술 부을작   과녁 적

[2] 어떤 일에 대해 마지막으로 확실히 그렇게 정함

① 肯定   ② 決定
즐길 긍   결단할 결

3 다음 **정할 정** 한자를 순서대로 써 보세요.

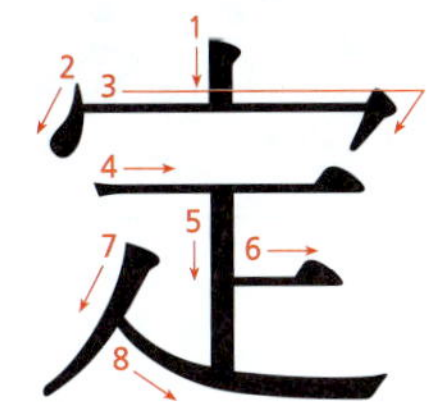

定 定 定 定 定 定 定 定

부수 宀 (갓머리, 3획) 획수 총 8획

1 定	2 定	3 定	4 定	5 定	6 定	7 定
정할 정	정할 정					
8 定	9 定	10 定	11	12	13	14
15	16	17	18	19	20	21

4 다음 문장 중 밑줄 친 글자에 알맞은 한자를 보기에서 찾아 써 보세요.

보 기

第 弟 正 定

흥부놀부 연극에서 누가 **아우** 역할을 할지 **정해**보자.

① 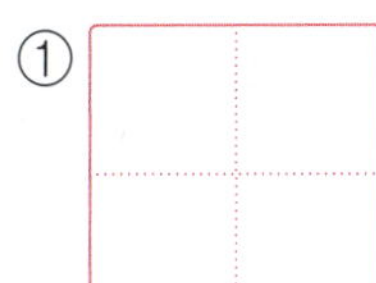 ② 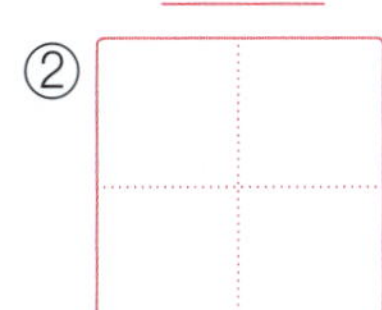

5 다음 낱말 중 定 **정할 정** 한자가 쓰인 단어는 무엇인지 2개 골라 ○표를 해 보세요.

감정	예정	정지	확정
어떤 대상에 대하여 느끼는 마음이나 기분	미리 일을 정하여 둠	움직이던 것을 멈추거나 하고 있던 것을 멈춤	틀림없이 굳게 정함
( )	( )	( )	( )

끝난 시간 [ ]시 [ ]분 1회 분 푸는 데 걸린 시간 [ ]분 5문제 중 [ ]개 3번은 정확히 다 써야 정답입니다.

스스로 붙임딱지

공부한 날 [ ]월 [ ]일
시작 시간 [ ]시 [ ]분

待

기다리다

기다릴 대

기다릴 대

뜻(훈)　기다릴
소리(음)　대
영어　wait 기다리다

[**기다릴 대**는 **무언가를 기다리는 사람의 모습**을 나타낸 한자입니다.]

대라고 읽으며 기다리다, 대하다 등의 뜻이 있습니다.

예문 어른께는 존댓말을 사용해야 해.
= 어른께는 높임말을 사용해야 해.

📖 교과어휘

① **존댓**말(尊 待 말) 듣는 사람을 높여 대하는 말 　국어 4·2(가)
　　높을 존 기다릴 대
② **기대**(企 待) 어떠한 일이 바라는 대로 되길 희망을 가짐 　국어 1·2(가)
　　꾀할 기 기다릴 대
③ **초대**장(招 待 狀) 어떤 행사나 장소에 오길 부탁하는 글 　국어 3·1(나)
　　부를 초 기다릴 대 문서 장
④ **대접**(待 接) 음식을 차려 손님을 맞이함 　국어 3·2(가)
　　기다릴 대 이을 접
⑤ **대기실**(待 機 室) 기다리는 사람들을 위해 만든 방
　　기다릴 대 틀 기 집 실
⑥ **대우**(待 遇) 관계에 따라 상대를 대하는 것 　국어활동 4-2
　　기다릴 대 만날 우
⑦ **우대**(優 待) 특별히 잘 대함
　　넉넉할 우 기다릴 대

---

1 다음 한자의 뜻(훈)과 소리(음)를 써 보세요.

待　　뜻(훈): ______________　　소리(음): ______________

2 다음 뜻에 알맞은 단어를 골라 빈칸에 한글로 써 보세요.

[1] 특별히 잘 대함

① 企待　　② 優待
　꾀할 기　　넉넉할 우

[2] 어떤 행사나 장소에 오길 부탁하는 글

① 招待狀　　② 待機室
　부를 초　문서 장　　틀 기

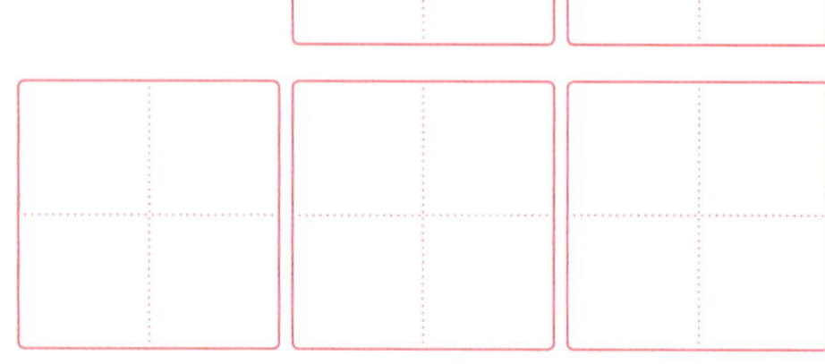

3 다음 **기다릴 대** 한자를 순서대로 써 보세요.

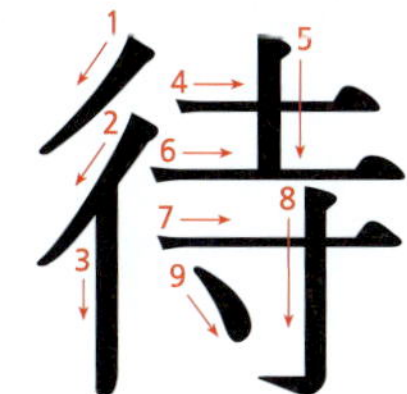

부수 彳(두인변, 3획) 획수 총 9획

1 待	2 待	3 待	4 待	5 待	6 待	7 待
기다릴 대	기다릴 대					
8 待	9 待	10 待	11 待	12	13	14
15	16	17	18	19	20	21

4 다음 문장 중 빈칸에 들어갈 알맞은 단어를 골라 보세요. ·· [　　　　]

> 　　용왕님이 토끼의 간을 먹어야 낫는 병에 걸렸습니다. 그래서 자라는 토끼를 거짓말로 꼬드겨 바다로 데려갔습니다. 용궁에 도착한 토끼는 간을 달라는 말에 놀랐지만, 꾀를 내어 간이 육지에 있다고 말했습니다. 그 말을 믿은 용왕님은 토끼의 기분을 풀어주기 위해 토끼를 다시 잘 (　　　　)한 후 돌려보냈습니다. 무사히 육지로 돌아온 토끼는 잽싸게 도망갔습니다.

① 대접(待接)
이을 접

② 기대(企待)
꾀할 기

③ 존댓말(尊待말)
높을 존

5 다음 낱말 중 待 **기다릴 대** 한자가 쓰인 단어는 무엇인지 2개 골라 ○표를 해 보세요.

대우	대기실	대만	거대
관계에 따라 상대를 대하는 것	기다리는 사람들을 위해 만든 방	타이베이가 수도인 아시아의 나라	매우 큼
(　　)	(　　)	(　　)	(　　)

끝난 시간 　시 　분 **1회 분 푸는 데 걸린 시간** 　분 **5문제 중** 　개 3번은 정확히 다 써야 정답입니다. 스스로 붙임딱지 

● 밑줄 친 글자의 한자를 찾아 번호를 써 보세요.

오성과 권율 장군 이야기

어느 날 오성의 집에 **심은** 감나무의 가지가 옆집 권율 장군 네로 넘어갔습니다. 3

그러자 권율 장군의 하인들이 넘어온 가지의 감을 모두 따 먹어버렸습니다.

맛있는 감을 먹으려고 감이 익기만을 **기다렸던** 오성은 그 소식을 듣고 권율 장군 네로 뛰어 들어가 방문에 주먹을 푹 찔러 넣었습니다.

"이 **손**이 누구 손입니까?" "네 손이지, 누구 손이겠느냐."

"손은 방 **안**에 있는데 왜 제 것입니까?" "네 **몸**이니 당연히 네 것이지!"

그러자 오성은 권율 장군에게 아까 **낮**의 **일**을 이야기하며 말했습니다.

"마찬가지로 감나무는 제 것이니 이 집으로 넘어온 감도 저의 것입니다."

오성의 이야기를 들은 권율 장군은 허허 웃으며 하인들의 잘못을 인**정**하고 사과하였습니다.

보기

① 事 ② 定 ③ 植 ④ 待 ⑤ 晝 ⑥ 手 ⑦ 內 ⑧ 身

9주차

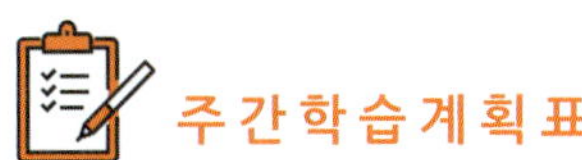 주간학습계획표

회차	학습내용		학습계획일
41회	永 길 영		☐ 월 ☐ 일
42회	遠 멀 원		☐ 월 ☐ 일
43회	洋 큰바다 양		☐ 월 ☐ 일
44회	野 들 야		☐ 월 ☐ 일
45회	球 공 구		☐ 월 ☐ 일

공부한 날 　월　　일
시작 시간 　시　　분

永

뜻(훈) **길**
소리(음) **영**

영어 **forever 영원히**

길 영

[**길 영**은 **물줄기가 여러 갈래로 길게 뻗은 모양**을 보고 만들었습니다.]

영이라고 읽으며 길다, 오래다, 영원하다 등의 뜻이 있습니다.

예문 육지로 돌아간 토끼는 **영영** 돌아오지 않았다.
= 육지로 돌아간 토끼는 **영원히** 돌아오지 않았다.

📖 교과어휘

① **영원**(永 遠) 오래도록 끝없이 이어짐 　국어활동 1·2
　　　길 영 멀 원
② **영영**(永 永) 끝내 영원히 　국어 4·1(가)
　　　길 영 길 영
③ **영구적**(永 久 的) 오랫동안 변하지 않고 계속 됨
　　　길 영 오랠 구 과녁 적
④ **영원불변**(永 遠 不 變) 영원히 변하지 않음
　　　길 영 멀 원 아닐 불 변할 변
⑤ **영구치**(永 久 齒) 젖니가 빠진 후 나오는 치아
　　　길 영 오랠 구 이 치
⑥ **영주권**(永 住 權) 그 나라에 언제까지나 살 수 있도록 외국인에게 주는 권리
　　　길 영 살 주 권세 권
⑦ **영생**(永 生) 영원한 삶. 또는 영원히 삶
　　　길 영 날 생

---

1 다음 한자의 뜻(훈)과 소리(음)를 써 보세요.

永　　뜻(훈): ＿＿＿＿＿＿＿＿＿　　소리(음): ＿＿＿＿＿＿＿＿＿

---

2 다음 뜻에 알맞은 단어를 골라 빈칸에 한글로 써 보세요.

[1] 영원한 삶. 또는 영원히 삶

　① 永遠　　② 永生
　　　멀 원

[2] 그 나라에 언제까지나 살 수 있도록 외국인에게 주는 권리

　① 永住權　　② 永久齒
　　권세 권　　　오랠 구 이 치

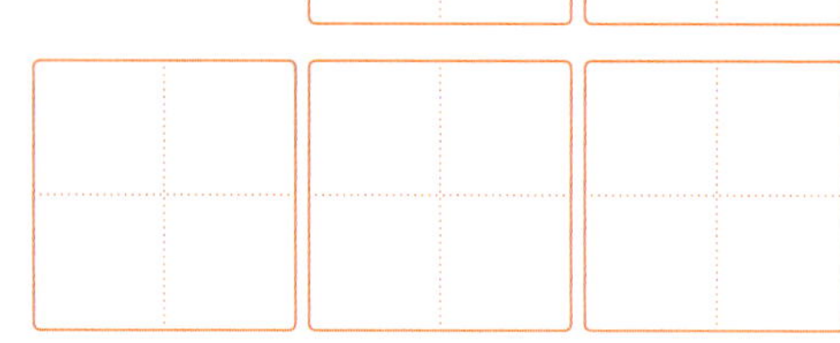

3 다음 **길 영** 한자를 순서대로 써 보세요.

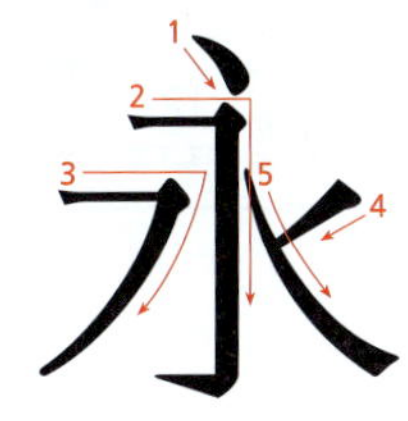

부수 水 (물수, 4획) 획수 총 5획

길 영   길 영

4 다음 문장 중 밑줄 친 글자에 알맞은 한자를 보기에서 찾아 써 보세요.

보기

言　信　氷　永　教　校

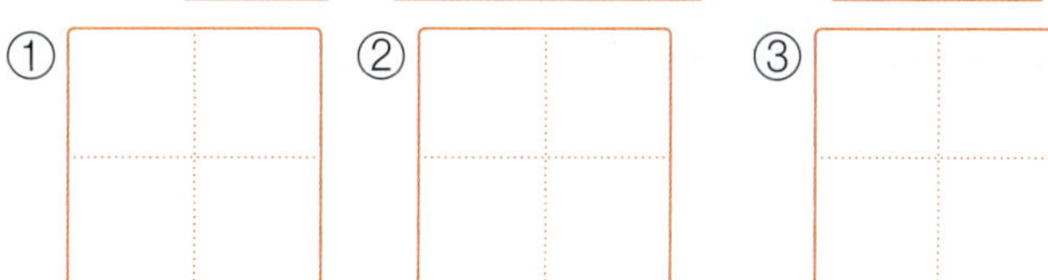

선생님의 **말씀**은 **길고 오래** 남을 **가르침**이야.

① ② ③

5 다음 낱말 중 永 **길 영** 한자가 쓰인 단어는 무엇인지 2개 골라 ○표를 해 보세요.

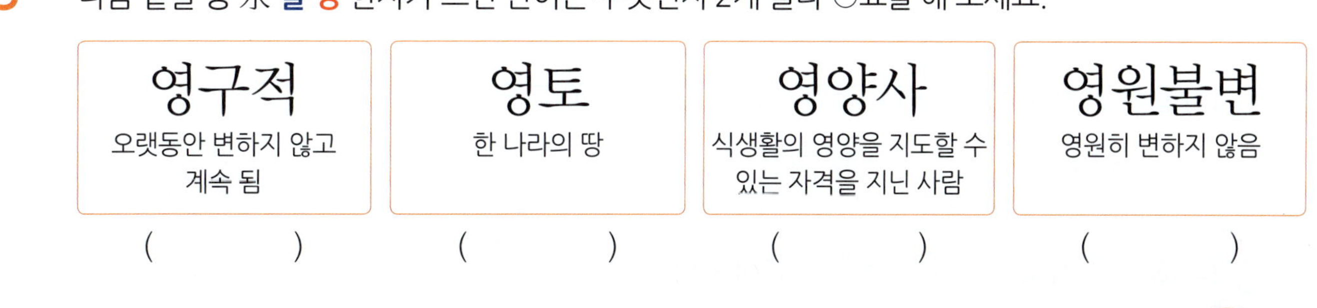

영구적	영토	영양사	영원불변
오랫동안 변하지 않고 계속 됨	한 나라의 땅	식생활의 영양을 지도할 수 있는 자격을 지닌 사람	영원히 변하지 않음
(　　　)	(　　　)	(　　　)	(　　　)

 끝난 시간 ☐ 시 ☐ 분  1회 분 푸는 데 걸린 시간 ☐ 분 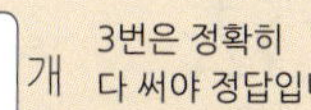 5문제 중 ☐ 개　3번은 정확히 다 써야 정답입니다.　스스로 붙임딱지 

9
주

41
회

정답
135쪽

遠

뜻(훈)　멀
소리(음)　원

영어　far 멀다

[**멀 원**은 **먼 길을 가는 모습**을 나타낸 한자입니다.]

원이라고 읽으며 멀다, 깊다, 오래되다 등의 뜻이 있습니다.

예문　우리 우정은 영원할 거야!
= 우리 우정은 오래도록 이어질 거야!

📖 교과어휘

① **망원경**(望 遠 鏡) 멀리 있는 것을 보기 위한 기구 [가을 2·2]
　　　바랄 망 멀 원 거울 경
② **영원**(永 遠) 오래도록 끝없이 이어짐 [국어활동 1·2]
　　　길 영 멀 원
③ **원시**(遠 視) 멀리 있는 것은 잘 보이고 가까이 있는 것은 잘 보이지 않음
　　　멀 원 볼 시
④ **원정대**(遠 征 隊) 경기, 조사 등 어떤 목적을 위해 멀리 떠나는 단체
　　　멀 원 칠 정 무리 대
⑤ **원근법**(遠 近 法) 사물의 멀고 가까움을 실제 보이는 대로 나타내어 그리는 방법
　　　멀 원 가까울 근 법 법
⑥ **원격**(遠 隔) 멀리 떨어져 있음 [국어 4·1(나)]
　　　멀 원 사이 뜰 격
⑦ **영원불변**(永 遠 不 變) 영원히 변하지 않음
　　　길 영 멀 원 아닐 불 변할 변

---

1 다음 한자의 뜻(훈)과 소리(음)를 써 보세요.

遠　뜻(훈): ＿＿＿＿＿＿＿＿＿＿　소리(음): ＿＿＿＿＿＿＿＿＿＿

2 다음 뜻에 알맞은 단어를 골라 빈칸에 한글로 써 보세요.

[1] 멀리 있는 것은 잘 보이고 가까이 있는 것은 잘 보이지 않음

① 永遠　　② 遠視
　　　　　　볼 시

[2] 경기, 조사 등 어떤 목적을 위해 멀리 떠나는 단체

① 遠近法　　② 遠征隊
　　법 법　　　칠 정 무리 대

3 다음 **멀 원** 한자를 순서대로 써 보세요.

부수 辶 (책받침, 4획) 획수 총 14획

遠 멀 원	遠 멀 원	遠	遠	遠	遠	遠
遠	遠	遠	遠	遠	遠	遠
遠	遠					

4 다음 문장 중 빈칸에 들어갈 알맞은 단어를 골라 보세요. ·············· [   ]

> 사람들은 먼 곳까지 잘 보기 위해 (   )을 이용한다.

① 망원경(望遠鏡)
바랄 망 거울 경

② 원격(遠隔)
사이 뜰 격

③ 영원불변(永遠不變)
변할 변

5 다음 낱말 중 遠 **멀 원** 한자가 쓰인 단어는 무엇인지 2개 골라 ○표를 해 보세요.

법원	영원	한의원	원격
재판을 진행하는 곳	오래도록 끝없이 이어짐	한의술로 병을 진찰하고 치료하는 곳	멀리 떨어져 있음
( )	( )	( )	( )

끝난 시간 ☐ 시 ☐ 분 1회 분 푸는 데 걸린 시간 ☐ 분  5문제 중 ☐ 개 3번은 정확히 다 써야 정답입니다. 스스로 붙임딱지 

공부한 날 [　] 월 [　] 일
시작 시간 [　] 시 [　] 분

洋

뜻(훈)　큰 바다
소리(음)　양

영어　ocean 큰 바다

[**큰 바다 양**은 물 수(水)와 양 양(羊)이 합쳐진 글자로, 크게 무리 지어 다니는 양처럼 **큰 바다의 모습**을 나타낸 한자입니다.]

양이라고 읽으며 바다, 큰 파도, 외국 등의 뜻이 있습니다.

예문　뉴스에는 **양복**을 입은 아나운서가 나와.
= 뉴스에는 **서양식 정장**을 입은 아나운서가 나와.

교과어휘

① **양**말(洋 襪) 실로 짜서 발에 신는 것　[국어 1-2(가)]
　　큰 바다 양 버선 말
② **양복**(洋 服) 서양식으로 만든 정장　[국어활동 1-2]
　　큰 바다 양 옷 복
③ **동양**(東 洋) 유럽 대륙을 기준으로 동쪽에 있는 아시아 지역　[국어 4-2(가)]
　　동녘 동 큰 바다 양
④ **서양**(西 洋) 유럽과 아메리카 대륙의 여러 나라들　[국어 3-2(가)]
　　서녘 서 큰 바다 양
⑤ **해양**(海 洋) 크고 넓은 바다　[국어 3-1(가)]
　　바다 해 큰 바다 양
⑥ **양궁**(洋 弓) 서양식 활. 또는 서양식 활로 겨루는 경기
　　큰 바다 양 활 궁
⑦ **오대양**(五 大 洋) 지구의 큰 바다 다섯 개
　　다섯 오 큰 대 큰 바다 양

1　다음 한자의 뜻(훈)과 소리(음)를 써 보세요.

洋　　뜻(훈): ＿＿＿＿＿＿＿＿＿＿　　소리(음): ＿＿＿＿＿＿＿＿＿＿

2　다음 뜻에 알맞은 단어를 골라 빈칸에 한글로 써 보세요.

[1] 유럽 대륙을 기준으로 동쪽에 있는 아시아 지역

① 洋弓　　② 東洋
　활 궁

[2] 크고 넓은 바다

① 洋服　　② 海洋
　옷 복

3 다음 **큰 바다 양** 한자를 순서대로 써 보세요.

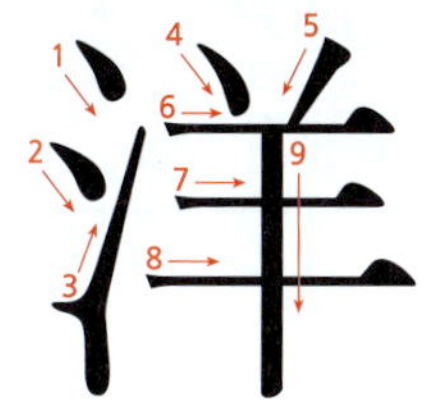

부수 氵(삼수변, 3획) 획수 총 9획

1 洋	2 洋	3 洋	4 洋	5 洋	6 洋	7 洋
큰 **바다** 양 · 큰 바다 양						
8 洋	9 洋	10 洋	11 洋	12	13	14
15	16	17	18	19	20	21

4 다음 문장 중 빈칸에 들어갈 알맞은 단어를 골라 보세요. ······························· [　　　　]

> 앗, 이런! (　　　　)을 짝짝이로 신고 나왔어.

① 오대양(五大洋)　　② 양궁(洋弓)　　③ 양복(洋服)　　④ 양말(洋襪)
　　　　　　　　　　　활궁　　　　　　　옷복　　　　　버선말

5 다음 낱말 중 洋 **큰 바다 양** 한자가 쓰인 단어는 무엇인지 2개 골라 ○표를 해 보세요.

서양	요양원	휴양지	오대양
유럽과 아메리카 대륙의 여러 나라들	환자들이 편한 마음으로 치료받을 수 있는 기관	편안하게 쉬면서 마음을 회복할 수 있는 곳	지구의 큰 바다 다섯 개
(　　)	(　　)	(　　)	(　　)

 끝난 시간 [　]시 [　]분　1회 분 푸는 데 걸린 시간 [　]분　 5문제 중 [　]개　3번은 정확히 다 써야 정답입니다.　스스로 붙임딱지

野

뜻(훈)　들
소리(음)　야
영어　field 들판

[**들 야**는 마을에서 떨어진 넓은 곳을 나타낸 한자입니다.]

야라고 읽으며 들, 들판, 구역 등의 뜻이 있습니다.

예문 이 산은 야생 동물 보호 구역이야.
= 이 산은 산에 사는 동물 보호 구역이야.

📖 교과어휘

① **야외**(野 外) 건물의 바깥　국어 6-1(가)
　　들 야 바깥 외
② **야구**(野 球) 공을 이용하여 두 팀이 9회의 공격과 방어를 번갈아 하는 경기　국어활동 1-1
　　들 야 공 구
③ **야영**(野 營) 야외에서 천막이나 텐트를 치고 생활함　국어 2-2(나)
　　들 야 경영할 영
④ **야채**(野 菜) 무, 배추 등 밭과 들에서 심어 가꾸는 나물
　　들 야 나물 채
⑤ **야생**(野 生) 산이나 들에서 사람의 손을 타지 않고 자람　국어 3-2(가)
　　들 야 날 생
⑥ **평야**(平 野) 땅이 평평한 들
　　평평할 평 들 야
⑦ **분야**(分 野) 여러 갈래로 나눈 범위　국어 3-1(가)
　　나눌 분 들 야

---

1 다음 한자의 뜻(훈)과 소리(음)를 써 보세요.

野　　뜻(훈): _______________　소리(음): _______________

2 다음 뜻에 알맞은 단어를 골라 빈칸에 한글로 써 보세요.

[1] 땅이 평평한 들

① 平野　　② 野生

[2] 건물의 바깥

① 野外　　② 分野

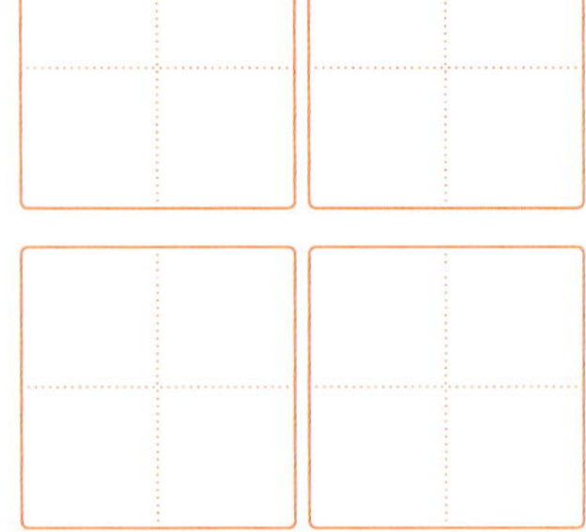

부수 **里** (마을리, 7획) 획수 총 11획

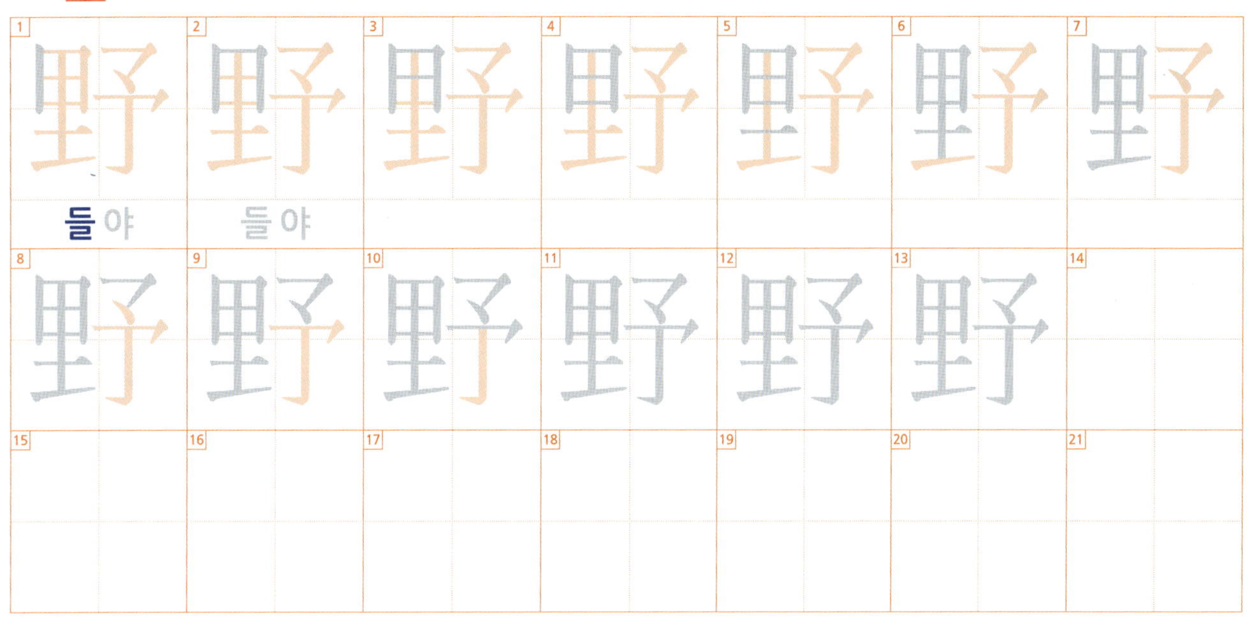

4 다음 문장 중 밑줄 친 한자의 음(音)을 써 보세요.

사람들과 함께 <u>野球</u> 경기를 응원하는 것은 정말 즐거워.

(   )

5 다음 낱말 중 **野** **들** **야** 한자가 쓰인 단어는 무엇인지 2개 골라 ○표를 해 보세요.

급기야	야영	야생	심야
심지어 결국에는	야외에서 천막이나 텐트를 치고 생활함	산이나 들에서 사람의 손을 타지 않고 자람	깊은 밤
( )	( )	( )	( )

9
주

44
회

정답
135쪽

球

공

공 구

공 구

뜻(훈)	공
소리(음)	구
영어	ball 공

[**공**구는 **동그랗게 깎은 옥 모양**을 나타낸 한자입니다.]

구라고 읽으며 구슬, 공 등의 뜻이 있습니다.

예문 우주에서 지구를 바라보면 얼마나 아름다울까!
= 우주에서 우리가 살고 있는 이 행성을 바라보면 얼마나 아름다울까!

📖 교과어휘

① **지구**(地 球) 태양계에 속해있고 인류가 살고 있는 행성 〔국어활동 1·2〕
  땅 지 공 구
② **지구본**(地 球 本) 지구를 작게 본뜬 모형
  땅 지 공 구 근본 본
③ **지구온난화**(地 球 溫 暖 化) 온실가스로 인해 지구의 평균 기온이 올라가는 현상
  땅 지 공 구 따뜻할 온 따뜻할 난 될 화
④ **피구**(避 球) 일정한 공간에서 서로 상대팀을 공으로 맞히는 경기 〔국어 3·1(가)〕
  피할 피 공 구
⑤ **축구**(蹴 球) 공을 발로 차서 상대팀의 골대에 공을 넣는 경기 〔가을 1·2〕
  찰 축 공 구
⑥ **야구**(野 球) 공을 이용하여 두 팀이 9회의 공격과 방어를 번갈아 하는 경기 〔국어활동 1·1〕
  들 야 공 구
⑦ **전구**(電 球) 전기를 이용하여 빛을 내는 기구
  번개 전 공 구

1 다음 한자의 뜻(훈)과 소리(음)를 써 보세요.

球 뜻(훈): _______________ 소리(음): _______________

2 다음 뜻에 알맞은 단어를 골라 빈칸에 한글로 써 보세요.

[1] 공을 발로 차서 상대팀의 골대에 공을 넣는 경기

① 野球 ② 蹴球
        찰 축

[2] 전기를 이용하여 빛을 내는 기구

① 避球 ② 電球
  피할 피

다음 **공구** 한자를 순서대로 써 보세요.

球 球 球 球 球 球 球 球
球 球 球

부수 王 (구슬옥변, 4획) 획수 총 11획

1 球	2 球	3 球	4 球	5 球	6 球	7 球
공구	공구					
8 球	9 球	10 球	11 球	12 球	13 球	14
15	16	17	18	19	20	21

4 다음 문장 중 밑줄 친 부분을 한자어로 써 보세요.

> **인류가 사는 행성**은 약 45억 년 전에 만들어졌습니다. 달은 이 행성을 중심으로 돌고 있고, 이 행성은 태양을 중심으로 돌고 있습니다. 옛날에는 공룡이 살기도 했었고 땅이 전부 눈으로 덮여 있던 적도 있었습니다. 지금은 이 곳에서 우리 인류가 살고 있습니다.

인류가 사는 행성 = ☐ ☐

5 다음 낱말 중 球 **공구** 한자가 쓰인 단어는 무엇인지 2개 골라 ○표를 해 보세요.

인구	지구본	출구	지구온난화
어느 일정한 곳에 사는 사람의 총 수	지구를 작게 본뜬 모형	나가는 곳	지구의 평균 기온이 올라가는 현상
( )	( )	( )	( )

9주
45회
정답 135쪽

끝난 시간 ☐시 ☐분 **1회 분 푸는 데 걸린 시간** ☐분 ⭐ **5문제 중** ☐개 3번은 정확히 다 써야 정답입니다. **스스로 붙임딱지**

● 다음 한자의 뜻에 알맞은 그림을 골라 보세요.

1 永
① 
② ✔ 

2 遠
① 
② 

3 洋
① 
② 

4 野
① 
② 

5 球
① 
② 

10주차

📋 주간학습계획표

회차	학습내용		학습계획일	
46회	多 많을 다		월	일
47회	短 짧을 단		월	일
48회	強 강할 강		월	일
49회	弱 약할 약		월	일
50회	勇 날랠 용		월	일

공부한 날 ___월 ___일
시작 시간 ___시 ___분

多

많다 | 많을 다 | 많을 다

뜻(훈)	많을
소리(음)	다
영어	many 많다

[**많을 다**는 **고기가 많이 있는 모습**을 나타낸 한자입니다.]

다라고 읽으며 많다, 많게 하다 등의 뜻이 있습니다.

예문 시장에는 다양한 물건들이 있어.
= 시장에는 여러 가지 물건들이 있어.

교과어휘

① **다양**(多 樣) 모양이나 종류가 여러 가지로 많음 [국어활동 1-2]
많을 다 모양 양

② **다정**(多 情) 정이 많고 살가움 [국어 1-1(가)]
많을 다 뜻 정

③ **다행**(多 幸) 걱정했던 일이 잘 풀려 마음이 놓임 [국어 1-2(나)]
많을 다 다행 행

④ **다급**(多 急) 일이 코앞에 닥쳐서 매우 급함 [국어활동 1-2]
많을 다 급할 급

⑤ **다각형**(多 角 形) 셋 이상의 각으로 이루어진 도형
많을 다 뿔 각 모양 형

⑥ **다수**(多 數) 많은 수. 또는 많은 사람들 [국어 3-2(나)]
많을 다 셈 수

⑦ **다수결**(多 數 決) 많은 사람들이 원하는 쪽으로 결정을 정함 [사회 4-1]
많을 다 셈 수 결단할 결

---

1 다음 한자의 뜻(훈)과 소리(음)를 써 보세요.

多   뜻(훈): _______________   소리(음): _______________

---

2 다음 뜻에 알맞은 단어를 골라 빈칸에 한글로 써 보세요.

[1] 셋 이상의 각으로 이루어진 도형

① 多角形   ② 多數決
뿔 각 모양 형   결단할 결

[2] 많은 수. 또는 많은 사람들

① 多急   ② 多數

3 다음 **많을 다** 한자를 순서대로 써 보세요.

부수 夕 (저녁석, 3획) 획수 총 6획

1	2	3	4	5	6	7
많을 다	많을 다					
8	9	10	11	12	13	14
15	16	17	18	19	20	21

4 다음 문장 중 빈칸에 들어갈 알맞은 단어를 골라 보세요. ···································· [   ]

나는 색연필을 이용해서 (   )한 색으로 꽃을 칠했어.

① 다양(多樣)   모양 양   ② 다행(多幸)   다행 행   ③ 다급(多急)

5 다음 낱말 중 多 **많을 다** 한자가 쓰인 단어는 무엇인지 3개 골라 ○표를 해 보세요.

다행	다과	다정	다수결
걱정했던 일이 잘 풀려 미음이 놓임	차와 과자	정이 많고 살가움	많은 사람들이 원하는 쪽으로 결정을 정함
( )	( )	( )	( )

끝난 시간 ☐ 시 ☐ 분 **1회 분 푸는 데 걸린 시간** ☐ 분  **5문제 중** ☐ 개   3번은 정확히 다 써야 정답입니다.   스스로 붙임딱지

10 주

46 회

정답 136쪽

10주 47회

공부한 날 ( )월 ( )일
시작 시간 ( )시 ( )분

短

짧다

짧을 단

短
짧을 단

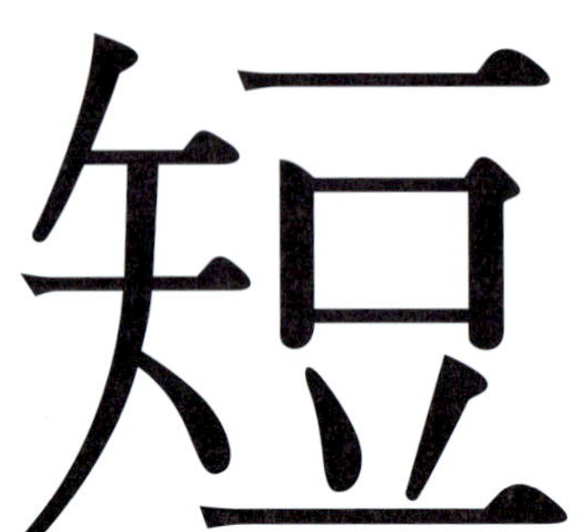

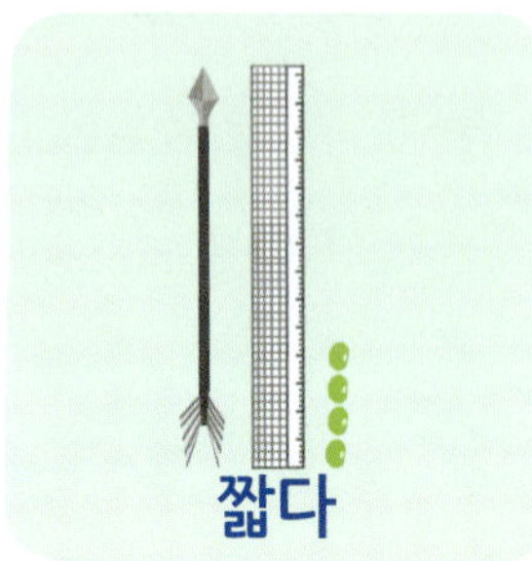

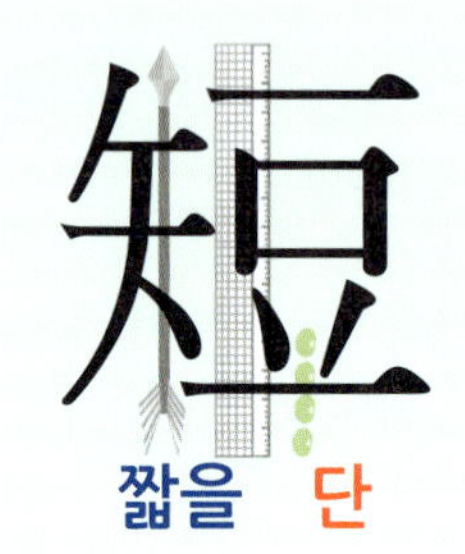

뜻(훈)	짧을
소리(음)	단
영어	short 짧다

[**짧을 단**은 **화살과 콩으로 짧은 길이를 재던 모습**을 나타낸 한자입니다.]

단이라고 읽으며 짧다, 모자라다, 작다 등의 뜻이 있습니다.

예문 이 지우개의 단점은 잘 안 지워진다는 거야.
= 이 지우개의 모자라는 점은 잘 안 지워진다는 거야.

교과어휘

① **단점**(短 點) 모자라는 점 국어 2-2(나)
짧을 단 점 점

② **장단점**(長 短 點) 장점과 단점 사회 4-1
길 장 짧을 단 점 점

③ **단화**(短 靴) 굽이 낮은 구두
짧을 단 신 화

④ **단소**(短 簫) 우리나라의 전통 악기 중 하나로, 세로로 바람을 불어 소리를 냄 국어 3-1(가)
짧을 단 퉁소 소

⑤ **최단**(最 短) 가장 짧음
가장 최 짧을 단

⑥ **단축**(短 縮) 시간이나 거리를 짧게 줄임
짧을 단 줄일 축

⑦ **단시간**(短 時 間) 짧은 시간
짧을 단 때 시 사이 간

1 다음 한자의 뜻(훈)과 소리(음)를 써 보세요.

短 뜻(훈): ______________ 소리(음): ______________

2 다음 뜻에 알맞은 단어를 골라 빈칸에 한글로 써 보세요.

[1] 가장 짧음

① 短靴 (신 화) ② 最短 (가장 최)

[2] 짧은 시간

① 長短點 (점 점) ② 短時間

3 다음 **짧을 단** 한자를 순서대로 써 보세요.

短

부수 矢 (화살시, 5획) 획수 총 12획

1	2	3	4	5	6	7
短	短	短	短	短	短	短

짧을 단   짧을 단

8	9	10	11	12	13	14
短	短	短	短	短	短	短

15	16	17	18	19	20	21

4 다음 문장 중 밑줄 친 한자의 음(音)을 써 보세요.

오늘 음악 시간에는 短簫 부는 법을 배웠어.

(   )

5 다음 낱말 중 短 **짧을 단** 한자가 쓰인 단어는 무엇인지 2개 골라 ○표를 해 보세요.

응원단	차단	단점	단축
운동 경기에서 선수들을 응원하는 무리	다른 것과의 사이를 가로막음	모자라는 점	시간이나 거리를 짧게 줄임
( )	( )	( )	( )

공부한 날 [ ]월 [ ]일
시작 시간 [ ]시 [ ]분

強

뜻(훈)　강할
소리(음)　강
영어　strong 강하다

[강할 강은 활을 세게 당기는 모습을 나타낸 한자입니다.]

강이라고 읽으며 강하다, 힘쓰다 등의 뜻이 있습니다.

예문 선생님께서 질서를 잘 지켜야 한다고 강조하셨어.
　= 선생님께서 질서를 잘 지켜야 한다고 강하게 말씀하셨어.

📖 교과어휘

① 강력(強 力) 힘이 세거나 영향이 큼　국어활동 4-1
　강할 강 힘 력
② 최강(最 強) 제일 셈
　가장 최 강할 강
③ 강풍(強 風) 센 바람
　강할 강 바람 풍
④ 강제(強 制) 권력을 이용하여 남에게 억지로 무언가를 시킴　국어 4-2(나)
　강할 강 절제할 제
⑤ 강적(強 敵) 강한 상대
　강할 강 대적할 적
⑥ 강화(強 化) 힘을 더 강하게 하거나 수준을 더 높임　사회 4-1
　강할 강 될 화
⑦ 강조(強 調) 어떤 부분을 반복하거나 강하게 말해 중요함을 나타냄　국어 4-1(나)
　강할 강 고를 조

---

1 다음 한자의 뜻(훈)과 소리(음)를 써 보세요.

強　뜻(훈): ＿＿＿＿＿＿＿＿　소리(음): ＿＿＿＿＿＿＿＿

2 다음 뜻에 알맞은 단어를 골라 빈칸에 한글로 써 보세요.

[1] 센 바람

　① 強風　　② 強化
　　바람 풍　　　될 화

[2] 힘이 세거나 영향이 큼

　① 強制　　② 強力
　　절제할 제

3 다음 **강할 강** 한자를 순서대로 써 보세요.

強 強 強 強 強 強 強 強
強 強 強

부수 **弓** (활궁, 3획) 획수 총 11획

1 강할 강	2 강할 강	3	4	5	6	7
強	強	強	強	強	強	強
8	9	10	11	12	13	14
強	強	強	強	強		
15	16	17	18	19	20	21

4 다음 문장 중 밑줄 친 한자의 음(音)을 써 보세요.

우리나라의 인터넷 속도는 세계 最**強**이야.

(　　　　　)

5 다음 낱말 중 強 **강할 강** 한자가 쓰인 단어는 무엇인지 2개 골라 ○표를 해 보세요.

한강	강조	강적	금수강산
우리나라 서울의 중심을 지나는 강	반복하거나 강하게 말해 중요함을 나타냄	강한 상대	비단의 자수처럼 아름다운 강과 산
(　　　)	(　　　)	(　　　)	(　　　)

끝난 시간 ☐ 시 ☐ 분 **1회 분 푸는 데 걸린 시간** ☐ 분 **5문제 중** ☐ 개 3번은 정확히 다 써야 정답입니다. **스스로 붙임딱지**  

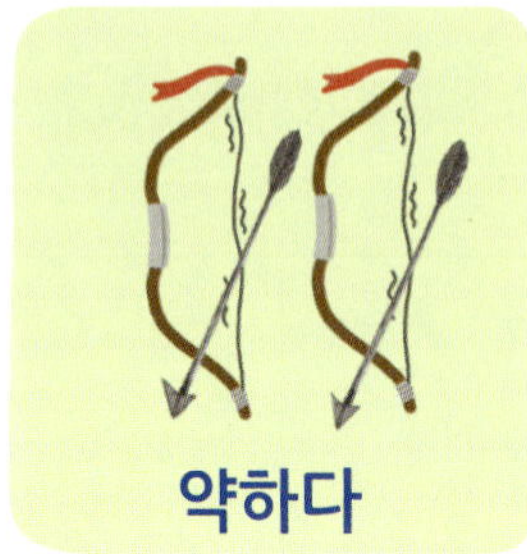

뜻(훈)	약할
소리(음)	약
영어	weak 약하다

[**약할 약**은 **힘이 없는 활시위의 모습**을 나타낸 한자입니다.]

약이라고 읽으며 약하다, 약해지다, 쇠약하다 등의 뜻이 있습니다.

예문 악기를 연주할 때는 강약 조절이 필요해.
= 악기를 연주할 때는 강함과 약함의 조절이 필요해.

📖 **교과어휘**

① **약점**(弱 點) 비교적 모자라거나 부족한 점
　　약할 약 점 점
② **강약**(強 弱) 강함과 약함
　　강할 강 약할 약
③ **연약**(軟 弱) 연하고 약함　국어활동 3·1
　　연할 연 약할 약
④ **노약자**(老 弱 者) 나이가 많은 사람과 신체 힘이 약한 사람
　　늙을 노 약할 약 놈 자
⑤ **약화**(弱 化) 힘이나 권력이 더 약해지고 작아짐
　　약할 약 될 화
⑥ **취약**(脆 弱) 어떤 것에 굉장히 약함
　　연할 취 약할 약
⑦ **쇠약**(衰 弱) 힘이나 기력이 줄어들어 약함　국어 4·1(가)
　　쇠할 쇠 약할 약

---

1 다음 한자의 뜻(훈)과 소리(음)를 써 보세요.

弱　　뜻(훈): ＿＿＿＿＿＿＿＿＿＿　소리(음): ＿＿＿＿＿＿＿＿＿＿

2 다음 뜻에 알맞은 단어를 골라 빈칸에 한글로 써 보세요.

[1] 힘이나 권력이 더 약해지고 작아짐

① 弱化　　② 弱點
　　될 화　　　점 점

[2] 강함과 약함

① 軟弱　　② 強弱
　　연할 연

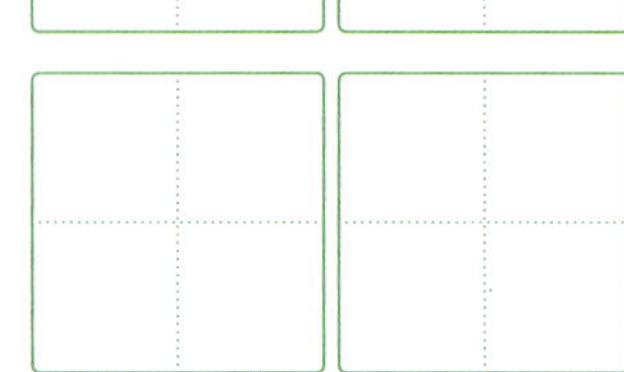

3 다음 **약할 약** 한자를 순서대로 써 보세요.

弱

弱 弱 弱 弱 弱 弱 弱 弱
弱 弱

부수 弓 (활궁, 3획) 획수 총 10획

1	2	3	4	5	6	7
弱	弱	弱	弱	弱	弱	弱
약할 약	약할 약					

8	9	10	11	12	13	14
弱	弱	弱	弱	弱		

15	16	17	18	19	20	21

4 다음 문장 중 빈칸에 들어갈 알맞은 단어를 골라 보세요. ·································· [   ]

(   ) 자리는 나이가 많은 어른, 몸이 약한 사람, 임산부를 위한 자리야.

① 약점(弱點)　　② 취약(脆弱)　　③ 쇠약(衰弱)　　④ 노약자(老弱者)
　　점 점　　　　　연할 취　　　　쇠할 쇠　　　　　　　　놈 자

5 다음 낱말 중 弱 **약할 약** 한자가 쓰인 단어는 무엇인지 2개 골라 ○표를 해 보세요.

취약	약국	연약	약속
어떤 것에 굉장히 약함	약사가 의약품을 만들거나 판매하는 곳	연하고 약함	상대방과 미리 정하여 어기지 않을 것을 서로 다짐함
( )	( )	( )	( )

끝난 시간 [ ]시 [ ]분　**1회 분 푸는 데 걸린 시간** [ ]분　**5문제 중** [ ]개　3번은 정확히 다 써야 정답입니다.　스스로 붙임딱지

10주

49
회
정답
136쪽

공부한 날 [　]월 [　]일
시작 시간 [　]시 [　]분

勇

날래다

날랠 용

날랠 용

뜻(훈)　날랠
소리(음)　용

영어　brave 용감하다

[**날랠 용**은 길 용(甬)과 힘 력(力)이 합쳐진 글자로, 힘 있고 날랜 모습을 나타낸 한자입니다.]

용이라고 읽으며 날래다, 용감하다 등의 뜻이 있습니다.

예문　나는 커서 용감한 소방관이 될 거야.
= 나는 커서 씩씩하고 용기 있는 소방관이 될 거야.

📖 교과어휘

① **용감**(勇 敢) 씩씩하고 용기가 있음 [국어 2-1(나)]
날랠 용 감히 감

② **용기**(勇 氣) 씩씩하고 굳세어 당당한 기운 [국어 2-1(가)]
날랠 용 기운 기

③ **용맹**(勇 猛) 굳세고 당당하며 사나움
날랠 용 사나울 맹

④ **용사**(勇 士) 용맹스러운 병사
날랠 용 선비 사

⑤ **용기백배**(勇 氣 百 倍) 격려나 응원 덕분에 힘을 더 냄
날랠 용 기운 기 일백 백 곱 배

⑥ **용감무쌍**(勇 敢 無 雙) 몹시 기운차며 굉장히 씩씩함
날랠 용 감히 감 없을 무 쌍 쌍

---

1 다음 한자의 뜻(훈)과 소리(음)를 써 보세요.

勇　　뜻(훈): ___________　　소리(음): ___________

2 다음 뜻에 알맞은 단어를 골라 빈칸에 한글로 써 보세요.

[1] 격려나 응원 덕분에 힘을 더 냄

① 勇氣百倍 ② 勇敢無雙
　　곱 배　　　감히 감 없을 무 쌍 쌍

[2] 용맹스러운 병사

① 勇士 ② 勇敢
　선비 사　　감희 감

3 다음 **날랠 용** 한자를 순서대로 써 보세요.

勇 勇 勇 勇 勇 勇 勇 勇 勇

부수 **力** (힘력, 2획) 획수 총 9획

1	2	3	4	5	6	7
勇	勇	勇	勇	勇	勇	勇
날랠 용	날랠 용					

8	9	10	11	12	13	14
勇	勇	勇	勇			

15	16	17	18	19	20	21

4 다음 문장 중 빈칸에 들어갈 알맞은 단어를 골라 보세요. ································ [　　　]

삼국지에는 매우 (　　　)스러운 장수들이 많이 나온다.

① 용기(勇氣)　　　② 용기백배(勇氣百倍)　　　③ 용맹(勇猛)
　　　　　　　　　　　　　　　　곱 배　　　　　　　　　　　　　사나울 맹

5 다음 낱말 중 勇 **날랠 용** 한자가 쓰인 단어는 무엇인지 2개 골라 ○표를 해 보세요.

일인용	용기	활용	용감무쌍
한 명이 사용하도록 만든 것	씩씩하고 굳세어 당당한 기운	여러 가지로 잘 이용함	몹시 기운차며 굉장히 씩씩함
(　　)	(　　)	(　　)	(　　)

끝난 시간 　시 　분 **1회 분 푸는 데 걸린 시간** 　분 **5문제 중** 　개 3번은 정확히 다 써야 정답입니다. **스스로 붙임딱지**

10주
50회
정답 136쪽

● 밑줄 친 글자의 한자를 찾아 번호를 써 보세요.

십이간지 이야기

옥황상제께서 일 년의 마지막 날에 동물들을 불러 모아 말했습니다. [8]

"1월 1일에 내게 세배하러 오는 순서대로 12마리를 뽑아 1년씩 동물의 **왕**으로 삼겠다."

그 말을 들은 소는 생각했습니다.

'나보다 빠르고 **강한** 동물들이 많으니 **아침**부터 출발해도 늦을지 몰라.'

소가 **밤**에 출발하는 것을 본 쥐는 몰래 소의 등 뒤에 올라탔습니다.

소가 옥황상제 앞에 도착한 순간, 쥐가 뛰어내려 1등이 되었고 소가 2등,

몸이 **날랜** 호랑이가 3등, 토끼가 호랑이보다 다리가 **짧아서** 4등, 동시에

도착했지만 욕심이 **많지** 않은 뱀이 양보하여 용이 5등, 뱀이 6등, **풀**을 먹다 늦은 말이 7등, 길을 잃어버렸던 양이 8등, 원숭이와 개가 싸우는 걸 닭이 잘 달래서 원숭이가 9등, 닭이 10등, 개가 11등, 마지막으로 돼지가 12등으로 도착하여 이렇게 십이간지가 정해졌습니다.

보기

① 夜 ② 朝 ③ 短 ④ 勇 ⑤ 強 ⑥ 草 ⑦ 多 ⑧ 王 (임금 왕)

1주차 정답

01회
본문 08쪽

1 뜻(훈): 각각 소리(음): 각

2 [1] 각별 [2] 각지

4 ②

5 (각양각색) 각도기 (각종) 직각

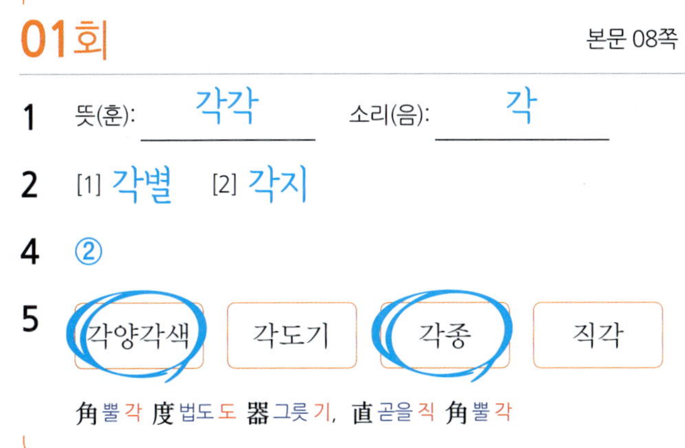

角 뿔 각 度 법도 도 器 그릇 기, 直 곧을 직 角 뿔 각

02회
본문 10쪽

1 뜻(훈): 반 소리(음): 반

2 [1] 상반신 [2] 반년

4 ① 半, ② 金 (羊 양 양)

5 (반경) (과반수) 반성 쟁반

反 돌이킬 반 省 살필 성, 錚 쇳소리 쟁 盤 소반 반

03회
본문 12쪽

1 뜻(훈): 나눌 소리(음): 반

2 [1] 반장 [2] 방송반

4 ①

5 일반 (졸업반) (반원) 반찬

一 한 일 般 일반 반, 飯 밥 반 饌 반찬 찬

04회
본문 14쪽

1 뜻(훈): 떼 소리(음): 부

2 [1] 부분 [2] 외부

4 전부

5 (일부) 부모 부자 (부품)

父 아버지 부 母 어머니 모, 富 부유할 부 者 놈 자

05회
본문 16쪽

1 뜻(훈): 나눌 소리(음): 분

2 [1] 분리 [2] 분석

4 ①

5 (구분) 분필 (분야) 분홍

粉 가루 분 筆 붓 필, 粉 가루 분 紅 붉을 홍

복습해보기
본문 18쪽

1주차 복습해보기 한 주 동안 익혔던 한자들을 한 번 더 공부해 볼까요?

• 다음 설명에 맞는 한자에 동그라미 쳐보세요.

예시 一 과 음(音)이 같은 한자 — 白 (日)

1 班 과 음(音)이 같은 한자 — (半) 午

2 分 과 뜻이 같은 한자 — (班) 王

3 部 와 음(音)이 같은 한자 — 邑 (夫)

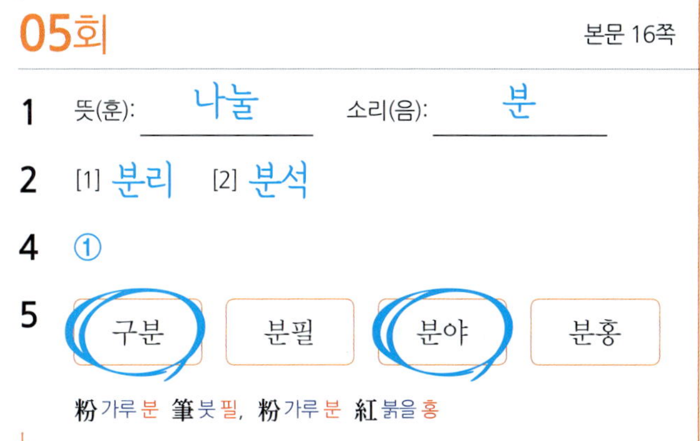

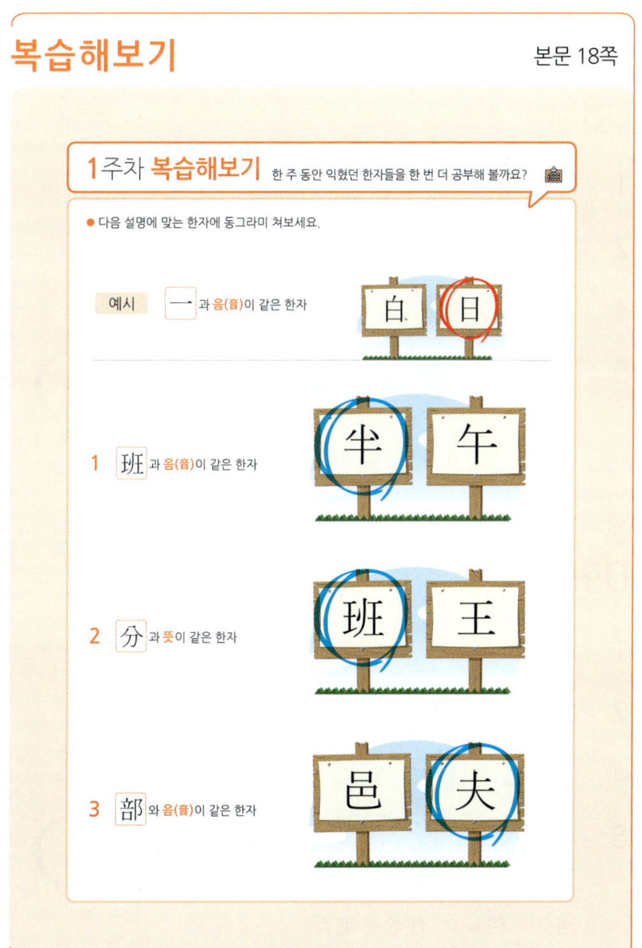

2주차 정답

06회
본문 20쪽

1 뜻(훈): 빛　　소리(음): 광
2 [1] 영광　[2] 관광
4 ① 光, ② 家　(尤 더욱 우, 逐 쫓을 축)
5 (광복절)　(태양광)　열광　광산

熱 더울 열　狂 미칠 광,　鑛 쇳돌 광　山 메 산

07회
본문 22쪽

1 뜻(훈): 밝을　　소리(음): 명
2 [1] 명확　[2] 조명
4 ②
5 별명　명함　(투명)　(설명)

別 다를 별　名 이름 명,　名 이름 명　衝 재갈 함

08회
본문 24쪽

1 뜻(훈): 아침　　소리(음): 조
2 [1] 조선　[2] 왕조
4 ① 朝, ② 日, ③ 明　(潮 조수 조, 目 눈 목)
5 조상　(조정)　강조　(고조선)

祖 할아버지 조　上 윗 상,　強 강할 강　調 고를 조

09회
본문 26쪽

1 뜻(훈): 낮　　소리(음): 주
2 [1] 백주　[2] 주야장천
4 ① 分, ② 畫, ③ 半　(刀 칼 도, 畫 그림 화, 于 어조사 우)
5 거주　(불철주야)　주택　(주야)

居 살 거　住 살 주,　住 살 주　宅 집 택

10회
본문 28쪽

1 뜻(훈): 밤　　소리(음): 야
2 [1] 야시장　[2] 야식
4 ① 夜, ② 祖　(液 진 액, 租 조세 조)
5 분야　야생화　(열대야)　(야경)

分 나눌 분　野 들 야,　野 들 야　生 날 생　花 꽃 화

복습해보기
본문 30쪽

1 ②
2 ①
3 ②
4 ①
5 ②

3주차 **정답**

11회
본문 32쪽

1. 뜻(훈): **말씀**　소리(음): **언**
2. [1] **언행**　[2] **발언**
4. **언어**
5. 언덕 ／ (조언) ／ (명언) ／ (증언)

12회
본문 34쪽

1. 뜻(훈): **다닐**　소리(음): **행**
2. [1] **행동**　[2] **은행**
4. **②**
5. 행복 ／ (암행어사) ／ (여행) ／ 다행

幸 다행 행 福 복 복, 多 많을 다 幸 다행 행

13회
본문 36쪽

1. 뜻(훈): **믿을**　소리(음): **신**
2. [1] **확신**　[2] **자신감**
4. **①**
5. (신호등) ／ 신하 ／ (자신만만) ／ 신고

臣 신하 신 下 아래 하, 申 거듭 신 告 고할 고

14회
본문 38쪽

1. 뜻(훈): **이룰**　소리(음): **성**
2. [1] **성공**　[2] **성장**
4. **완성**
5. 백성 ／ 이성 ／ (미성년자) ／ (구성원)

百 일백 백 姓 성씨 성, 異 다를 이 性 성품 성

15회
본문 40쪽

1. 뜻(훈): **공**　소리(음): **공**
2. [1] **공덕**　[2] **형설지공**
4. **③**
5. (유공자) ／ 공항 ／ 공중화장실 ／ (성공)

空 빌 공 港 항구 항,
公 공평할 공 衆 무리 중 化 될 화 粧 단장할 장 室 집 실

복습해보기
본문 42쪽

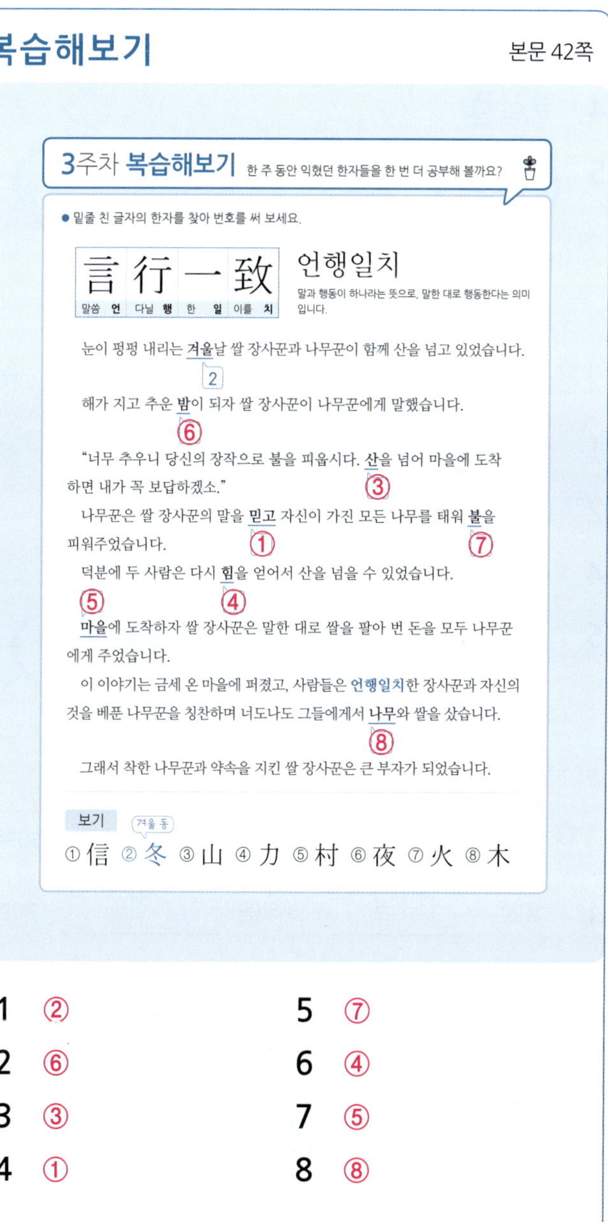

3주차 복습해보기
한 주 동안 익혔던 한자들을 한 번 더 공부해 볼까요?

● 밑줄 친 글자의 한자를 찾아 번호를 써 보세요.

言 行 一 致　언행일치
말씀 언 다닐 행 한 일 이룰 치

말과 행동이 하나라는 뜻으로, 말한 대로 행동한다는 의미입니다.

눈이 펑펑 내리는 **겨울**날 쌀 장사꾼과 나무꾼이 함께 산을 넘고 있었습니다.
　2

해가 지고 추운 **밤**이 되자 쌀 장사꾼이 나무꾼에게 말했습니다.
　6

"너무 추우니 당신의 장작으로 불을 피웁시다. **산**을 넘어 마을에 도착하면 내가 꼭 보답하겠소."
　3

나무꾼은 쌀 장사꾼의 말을 **믿**고 자신이 가진 모든 나무를 태워 **불**을 피워주었습니다.
　1　　　7

덕분에 두 사람은 다시 **힘**을 얻어서 산을 넘을 수 있었습니다.
　5　　4

마을에 도착하자 쌀 장사꾼은 말한 대로 쌀을 팔아 번 돈을 모두 나무꾼에게 주었습니다.

이 이야기는 금세 온 마을에 퍼졌고, 사람들은 **언행일치**한 장사꾼과 자신의 것을 베푼 나무꾼을 칭찬하며 너도나도 그들에게서 **나무**와 쌀을 샀습니다.
　　　　　　　　　8

그래서 착한 나무꾼과 약속을 지킨 쌀 장사꾼은 큰 부자가 되었습니다.

보기 (겨울 동)
① 信 ② 冬 ③ 山 ④ 力 ⑤ 村 ⑥ 夜 ⑦ 火 ⑧ 木

1. ②　　5. ⑦
2. ⑥　　6. ④
3. ③　　7. ⑤
4. ①　　8. ⑧

4주차 정답

16회

1 뜻(훈): 사라질   소리(음): 소
2 [1] 소방차   [2] 소화제
4 소식
5 장소 (취소) 소유 (소독)

場 마당 장 所 바소, 所 바소 有 있을 유

17회
본문 46쪽

1 뜻(훈): 잃을   소리(음): 실
2 [1] 실패   [2] 실수
4 분실물
5 (실망) 오락실 교실 (실례)

娛 즐길 오 樂 즐길 락 室 집 실, 教 가르칠 교 室 집 실

18회
본문 48쪽

1 뜻(훈): 있을   소리(음): 재
2 [1] 존재감   [2] 부재중
4 자유자재
5 천재 재산 (존재) (현재)

天 하늘 천 才 재주 재, 財 재물 재 産 낳을 산

19회
본문 50쪽

1 뜻(훈): 나타날   소리(음): 현
2 [1] 출현   [2] 현대
4 現在 (현재)
5 (표현) (실현) 집현전 현미

集 모을 집 賢 어질 현 殿 전각 전, 玄 검을 현 米 쌀 미

20회
본문 52쪽

1 뜻(훈): 대신할   소리(음): 대
2 [1] 대표   [2] 세대
4 古代 (고대)
5 대왕 대한민국 (시대) (현대)

大 큰 대 王 임금 왕, 大 큰 대 韓 한국 한 民 백성 민 國 나라 국

복습해보기
본문 54쪽

4주차 복습해보기 한 주 동안 익혔던 한자들을 한 번 더 공부해 볼까요?

● 밑줄 친 글자의 한자를 찾아 번호를 써 보세요.

신데렐라

착한 신데렐라가 마음이 못된 계모랑 언니들과 살고 **있었습니다**.

어느 **날** 파티가 열려, 계모와 언니들은 신데렐라를 두고 파티에 갔습니다. 혼자 남겨져 슬퍼하는 신데렐라에게 요정이 **나타났습니다**.

요정은 마법으로 신데렐라에게 드레스와 황금**빛** 마차를 만들어주었습니다. 하지만 **대신**에, 12시가 넘으면 마법이 **사라져** 버린다고 말했습니다.

요정 덕분에 파티에 간 신데렐라는 파티장에서 왕자님을 만나 사랑에 빠졌습니다.

그런데 그때, 12시를 알리는 종이 울렸고 신데렐라는 다급하게 나오다 그만 유리 구두 한 짝을 **잃어**버리고 말았습니다.

신데렐라의 유리 구두를 발견한 왕자는 구두의 **주인**을 찾아다녔고, 결국 왕자는 신데렐라와 다시 만나 결혼해서 행복하게 살았습니다.

보기

① 消 ② 失 ③ 主 ④ 現 ⑤ 代 ⑥ 色 ⑦ 在 ⑧ 日

1	⑦	5	⑤
2	⑧	6	①
3	④	7	②
4	⑥	8	③

5주차 정답

21회   본문 56쪽

1   뜻(훈): 돌   소리(음): 석
2   [1] 화석   [2] 석탑
4   ④
5   추석 / (운석) / 석가모니 / (자석)

秋 가을 추 夕 저녁 석, 釋 풀 석 迦 부처 이름 가 牟 보리 모 尼 여승 니

22회   본문 58쪽

1   뜻(훈): 기름   소리(음): 유
2   [1] 주유소   [2] 식용유
4   산유국
5   유행 / (석유) / (유화) / 유명

流 흐를 유 行 다닐 행, 有 있을 유 名 이름 명

23회   본문 60쪽

1   뜻(훈): 은   소리(음): 은
2   [1] 은행   [2] 은하수
4   ①
5   은혜 / 은퇴 / (은화) / (은박지)

恩 은혜 은 惠 은혜 혜, 隱 숨을 은 退 물러날 퇴

24회   본문 62쪽

1   뜻(훈): 다스릴   소리(음): 리
2   [1] 이유   [2] 무리
4   ③
5   (관리) / 마이동풍 / 거리 / (처리)

馬 말 마 耳 귀 이 東 동녘 동 風 바람 풍, 距 막을 거 離 떠날 리

25회   본문 64쪽

1   뜻(훈): 말미암을   소리(음): 유
2   [1] 사유   [2] 자유형
4   자유
5   (자유자재) / 고유 / (이유) / 소유자

固 굳을 고 有 있을 유, 所 바 소 有 있을 유 者 놈 자

복습해보기   본문 66쪽

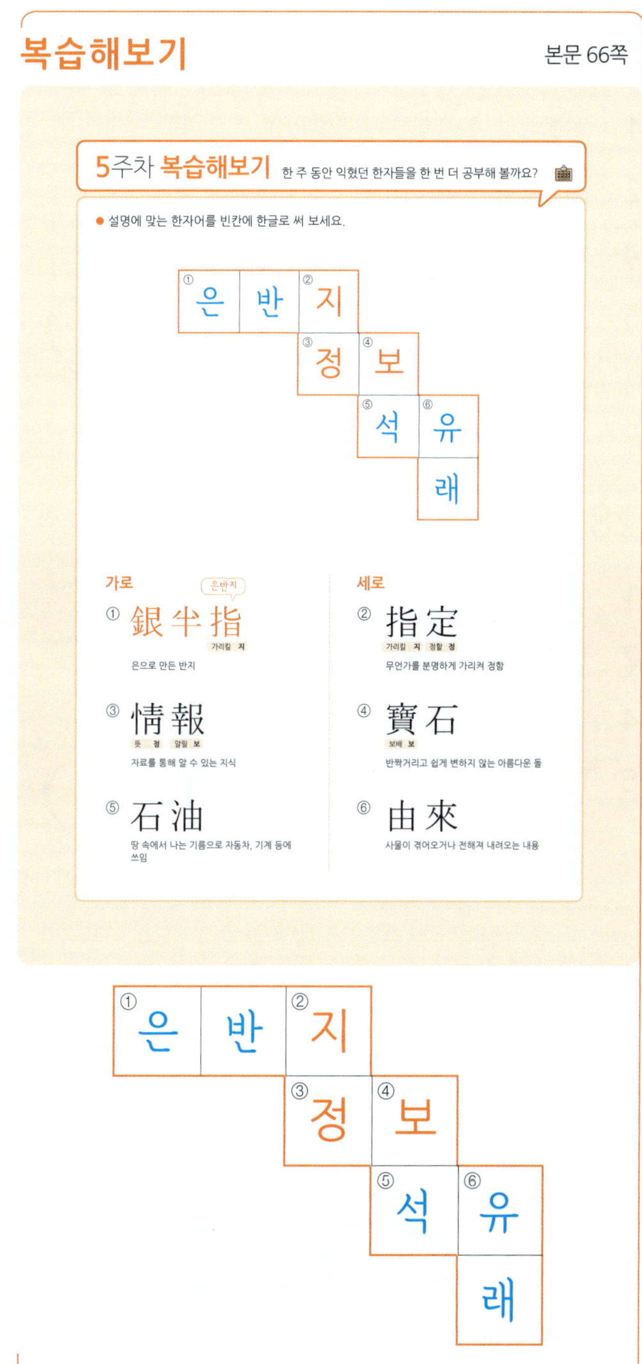

5주차 복습해보기 한 주 동안 익혔던 한자들을 한 번 더 공부해 볼까요?

● 설명에 맞는 한자어를 빈칸에 한글로 써 보세요.

	① 은	반	② 지	
			③ 정	④ 보
				⑤ 석	⑥ 유
					래

가로

① 銀 半 指 (은반지)
은으로 만든 반지

③ 情 報
자료를 통해 알 수 있는 지식

⑤ 石 油
땅 속에서 나는 기름으로 자동차, 기계 등에 쓰임

세로

② 指 定 (가리킬 지 정할 정)
무언가를 분명하게 가리켜 정함

④ 寶 石 (보배 보)
반짝거리고 쉽게 변하지 않는 아름다운 돌

⑥ 由 來
사물이 겪어오거나 전해져 내려오는 내용

6주차 정답

26회
본문 68쪽

1 뜻(훈): 가까울 소리(음): 근

2 [1] 친근 [2] 최근

4 ②

5 근로자 / 근육 / **근위병** / **부근**

勤 부지런할 근 勞 일할 로 者 놈 자, 筋 힘줄 근 肉 고기 육

27회
본문 70쪽

1 뜻(훈): 급할 소리(음): 급

2 [1] 긴급 [2] 다급

4 ②

5 급수 / **구급차** / 학급 / **급속도**

級 등급 급 數 셈 수, 學 배울 학 級 등급 급

28회
본문 72쪽

1 뜻(훈): 높을 소리(음): 고

2 [1] 최고 [2] 고속도로

4 ① 國, ② 高 (咸 다 함, 常 항상 상)

5 고통 / 고조선 / **등고선** / **고급**

苦 쓸 고 痛 아플 통, 古 옛 고 朝 아침 조 鮮 고울 선

29회
본문 74쪽

1 뜻(훈): 빠를 소리(음): 속

2 [1] 초고속 [2] 시속

4 速度(속도)

5 속담 / **신속** / **과속** / 민속놀이

俗 풍속 속 談 말씀 담, 民 백성 민 俗 풍속 속

30회
본문 76쪽

1 뜻(훈): 서울 소리(음): 경

2 [1] 북경 [2] 상경

4 ① 京, ② 江 (倞 셀 경)

5 **경기도** / **귀경객** / 경찰 / 경치

警 경계할 경 察 살필 찰, 景 볕 경 致 이를 치

복습해보기
본문 78쪽

6주차 복습해보기 한 주 동안 익혔던 한자들을 한 번 더 공부해 볼까요?

● 밑줄 친 글자의 한자를 찾아 번호를 써 보세요.

홍길동

홍길동은 양반인 아버지와 노비인 어머니 사이에서 태어났습니다. 7

그래서 아버지를 아버지라 부르지 못하고 형을 형이라 부르지 못하는 슬픔에 집을 나와서 백성들을 위하는 의적이 되었습니다. ④

홍길동은 도술을 배워서 먼 길도 가깝게 ① 만들어 빠르게 ⑧ 갈 수 있었고 매우 높은 ③ 곳도 단숨에 올라가 서울 ⑤ 을 다 내려다볼 수 있었습니다.

또 순식간에 눈앞에서 사라졌다가 ② 동해에서 번쩍 서해에서 번쩍하고 나타나기도 했습니다.

임금님은 도저히 홍길동을 잡을 수가 없자 결국 홍길동을 불러 벼슬을 내렸습니다.

벼슬을 받은 홍길동은 임금님에게 큰 절을 올리고 그대로 사라져서 저 먼바다 ⑥ 율도국의 왕이 되어 행복하게 살았습니다.

보기

① 近 ② 消 ③ 高 ④ 兄 ⑤ 京 ⑥ 海 ⑦ 父 (아버지 부) ⑧ 速

1 ⑦

2 ④

3 ①

4 ⑧

5 ③

6 ⑤

7 ②

8 ⑥

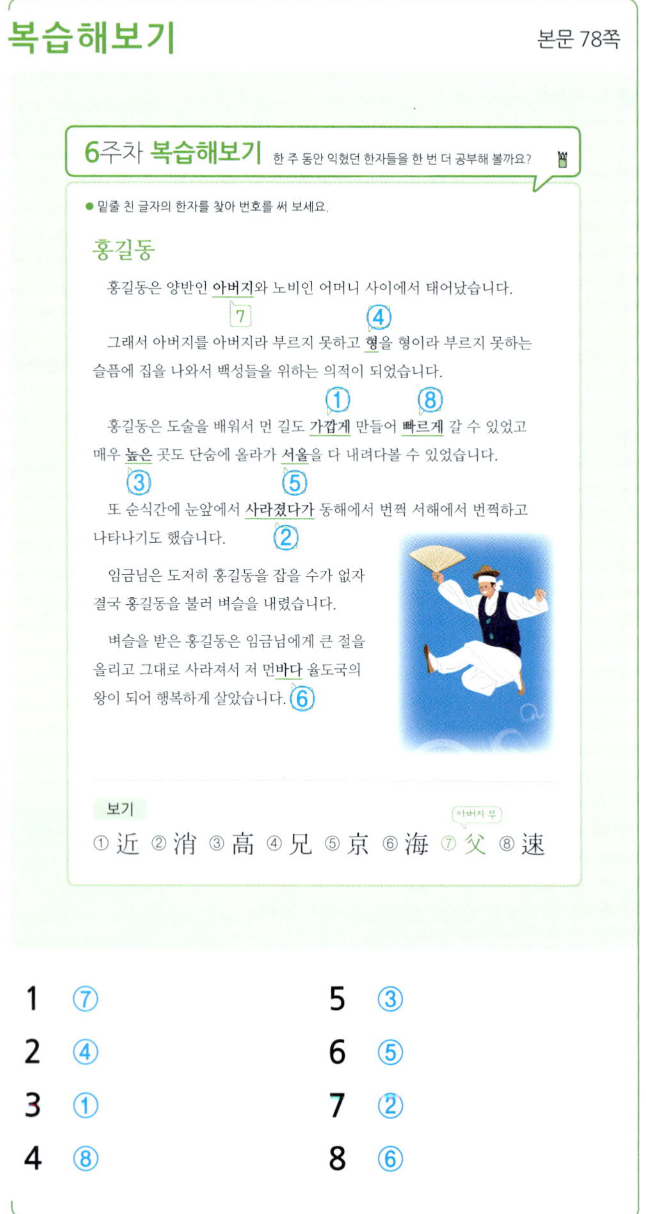

7주차 정답

31회 본문 80쪽

1 뜻(훈): 어제   소리(음): 작
2 [1] 작일 [2] 작야
4 ① 昨, ② 前, ③ 失 (作 지을 작, 煎 달일 전)
5 (재재작년) 오작교 작곡가 (재작년)

烏 까마귀 오 鵲 까치 작 橋 다리 교, 作 지을 작 曲 굽을 곡 家 집 가

32회 본문 82쪽

1 뜻(훈): 옛   소리(음): 고
2 [1] 고물 [2] 고고학
4 古朝鮮 (고조선)
5 최고 (고궁) 고급 (고대)

最 가장 최 高 높을 고, 高 높을 고 級 등급 급

33회 본문 84쪽

1 뜻(훈): 이제   소리(음): 금
2 [1] 금일 [2] 금년
4 ①
5 황금 (금시초문) 금요일 (동서고금)

黃 누를 황 金 쇠 금, 金 쇠 금 曜 빛날 요 日 날 일

34회 본문 86쪽

1 뜻(훈): 비로소   소리(음): 시
2 [1] 시동 [2] 시작
4 原始人 (원시인)
5 시식 (시작종) 동시 (시작점)

試 시험 시 食 밥 식, 童 아이 동 詩 시 시

35회 본문 88쪽

1 뜻(훈): 지을   소리(음): 작
2 [1] 작가 [2] 작품
4 ④
5 (동작) 공작새 (작곡) 무작정

孔 구멍 공 雀 참새 작, 無 없을 무 酌 술 부을 작 定 정할 정

복습해보기 본문 90쪽

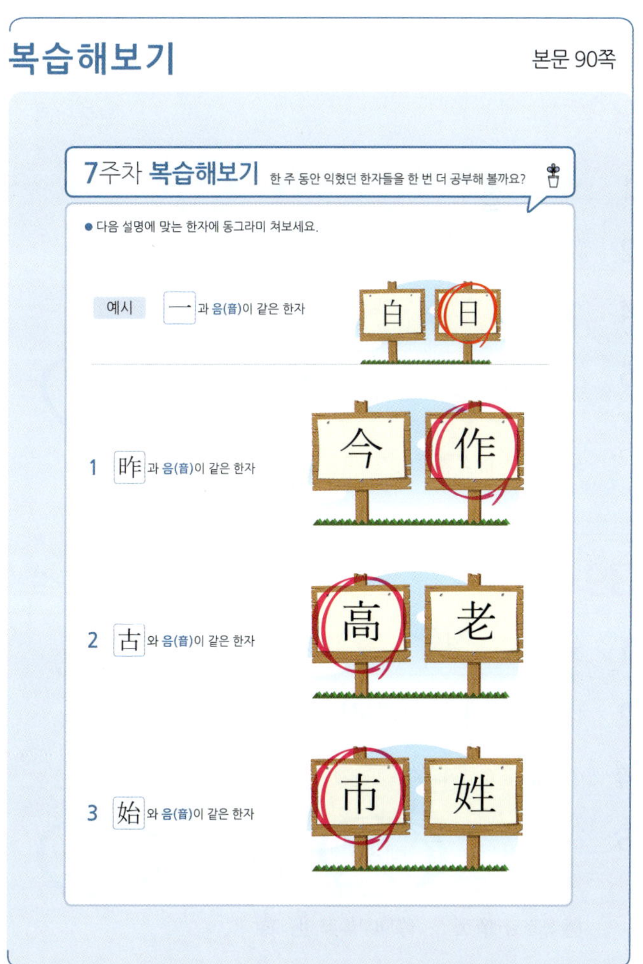

8 주차 정답

36회 본문 92쪽

1 뜻(훈): __쌀__   소리(음): __미__

2 [1] 백미   [2] 흑미

4 ②

5 

未 아닐 미 **來** 올 래, **趣** 뜻 취 **味** 맛 미

37회 본문 94쪽

1 뜻(훈): __마실__   소리(음): __음__

2 [1] 음식점   [2] 음식

4 음료수

5 

訓 가르칠 훈 **民** 백성 민 **正** 바를 정 **音** 소리 음, **高** 높을 고 **音** 소리 음

38회 본문 96쪽

1 뜻(훈): __자리__   소리(음): __석__

2 [1] 출석   [2] 방석

4 ③

5 

分 나눌 분 **析** 쪼갤 석 **夕** 저녁 석 **陽** 볕 양

39회 본문 98쪽

1 뜻(훈): __정할__   소리(음): __정__

2 [1] 무작정   [2] 결정

4 ① 弟, ② 定 (第 차례 제)

5 

感 느낄 감 **情** 뜻 정, **停** 머무를 정 **止** 그칠 지

40회 본문 100쪽

1 뜻(훈): __기다릴__   소리(음): __대__

2 [1] 우대   [2] 초대장

4 ①

5 

臺 대 대 **灣** 물굽이 만, **巨** 클 거 **大** 큰 대

복습해보기 본문 102쪽

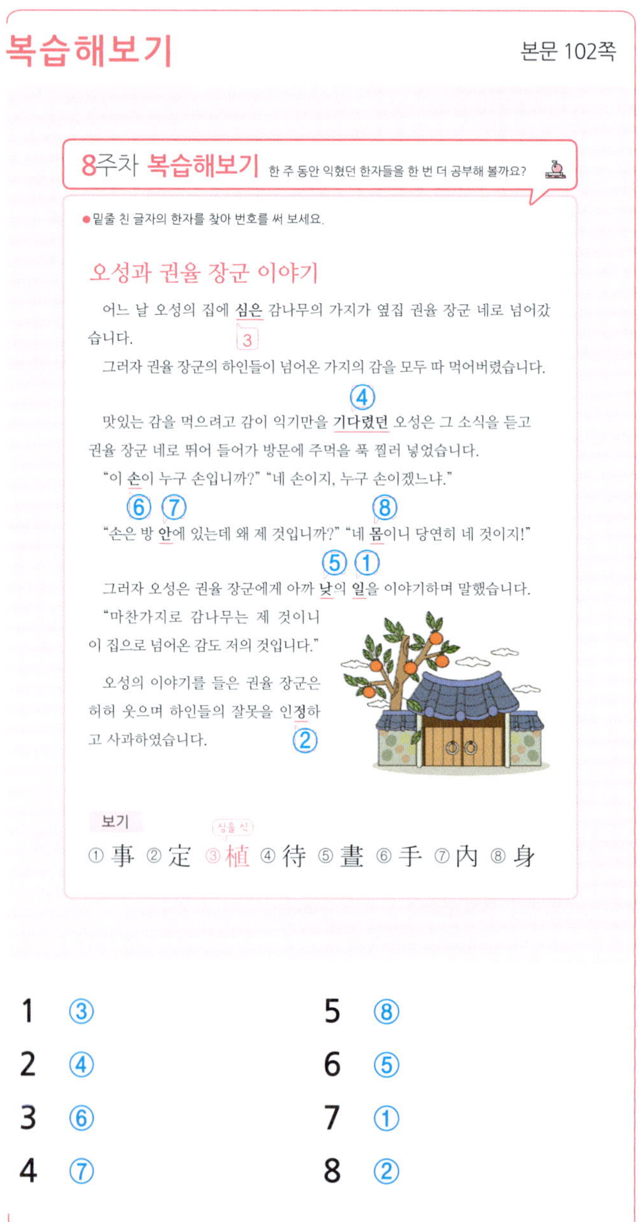

1	③	5	⑧
2	④	6	⑤
3	⑥	7	①
4	⑦	8	②

9주차 정답

41회 　　　　　본문 104쪽

1 뜻(훈): 길　　　소리(음): 영

2 [1] 영생　[2] 영주권

4 ① 言, ② 永, ③ 敎 (氷 얼음 빙)

5 （영구적）　영토　영양사　（영원불변）

嶺 거느릴 영　土 흙 토,　營 경영할 영　養 기를 양　士 선비 사

42회 　　　　　본문 106쪽

1 뜻(훈): 멀　　　소리(음): 원

2 [1] 원시　[2] 원정대

4 ①

5 법원　（영원）　한의원　（원격）

法 법 법 院 집 원,　韓 한국 한 醫 의원 의 院 집 원

43회 　　　　　본문 108쪽

1 뜻(훈): 큰 바다　　　소리(음): 양

2 [1] 동양　[2] 해양

4 ④

5 （서양）　요양원　휴양지　（오대양）

療 고칠 요 養 기를 양 院 집 원,　休 쉴 휴 養 기를 양　地 땅 지

44회 　　　　　본문 110쪽

1 뜻(훈): 들　　　소리(음): 야

2 [1] 평야　[2] 야외

4 야구

5 급기야　（야영）　（야생）　심야

及 미칠 급 其 그 기 也 어조사 야,　深 깊을 심 夜 밤 야

45회 　　　　　본문 112쪽

1 뜻(훈): 공　　　소리(음): 구

2 [1] 축구　[2] 전구

4 地球 (지구)

5 인구　（지구본）　출구　（지구온난화）

人 사람 인 □ 입 구,　出 날 출 □ 입 구

복습해보기 　　　　　본문 114쪽

1 ②
2 ①
3 ①
4 ②
5 ①

10주차 정답

46회

본문 116쪽

1 뜻(훈): 많을 소리(음): 다

2 [1] 다각형 [2] 다수

4 ①

5 다행(○) 다과 다정(○) 다수결(○)

茶 차 다 菓 과자 과

47회

본문 118쪽

1 뜻(훈): 짧을 소리(음): 단

2 [1] 최단 [2] 단시간

4 단소

5 응원단 차단 단점(○) 단축(○)

應 응할 응 援 도울 원 團 둥글 단, 遮 가릴 차 斷 끊을 단

48회

본문 120쪽

1 뜻(훈): 강할 소리(음): 강

2 [1] 강풍 [2] 강력

4 최강

5 한강 강조(○) 강적(○) 금수강산

漢 한나라 한 江 강 강, 錦 비단 금 繡 수놓을 수 江 강 강 山 메 산

49회

본문 122쪽

1 뜻(훈): 약할 소리(음): 약

2 [1] 약화 [2] 강약

4 ④

5 취약(○) 약국 연약(○) 약속

藥 약 약 局 판 국, 約 맺을 약 束 약속할 속

50회

본문 124쪽

1 뜻(훈): 날랠 소리(음): 용

2 [1] 용기백배 [2] 용사

4 ③

5 일인용 용기(○) 활용 용감무쌍(○)

一 한 일 人 사람 인 用 쓸 용, 活 살 활 用 쓸 용

복습해보기

본문 126쪽

10주차 복습해보기 한 주 동안 익혔던 한자들을 한 번 더 공부해 볼까요?

● 밑줄 친 글자의 한자를 찾아 번호를 써 보세요.

십이간지 이야기

옥황상제께서 일 년의 마지막 날에 동물들을 불러 모아 말했습니다.

"1월 1일에 내게 세배하러 오는 순서대로 12마리를 뽑아 1년씩 동물의 왕(8)으로 삼겠다."

그 말을 들은 소는 생각했습니다.

'나보다 빠르고 강한(⑤) 동물들이 많으니 아침(②)부터 출발해도 늦을지 몰라.'

소가 밤(①)에 출발하는 것을 본 쥐는 몰래 소의 등 뒤에 올라탔습니다.

소가 옥황상제 앞에 도착한 순간, 쥐가 뛰어내려 1등이 되었고 소가 2등, 몸이 날랜(④) 호랑이가 3등, 토끼가 호랑이보다 다리가 짧아서(③) 4등, 동시에 도착했지만 욕심이 많지(⑦) 않은 뱀이 양보하여 용이 5등, 뱀이 6등, 풀(⑥)을 먹다 늦은 말이 7등, 길을 잃어버렸던 양이 8등, 원숭이와 개가 싸우는 걸 닭이 잘 달래서 원숭이가 9등, 닭이 10등, 개가 11등, 마지막으로 돼지가 12등으로 도착하여 이렇게 십이간지가 정해졌습니다.

보기

① 夜 ② 朝 ③ 短 ④ 勇 ⑤ 強 ⑥ 草 ⑦ 多 ⑧ 王(임금 왕)

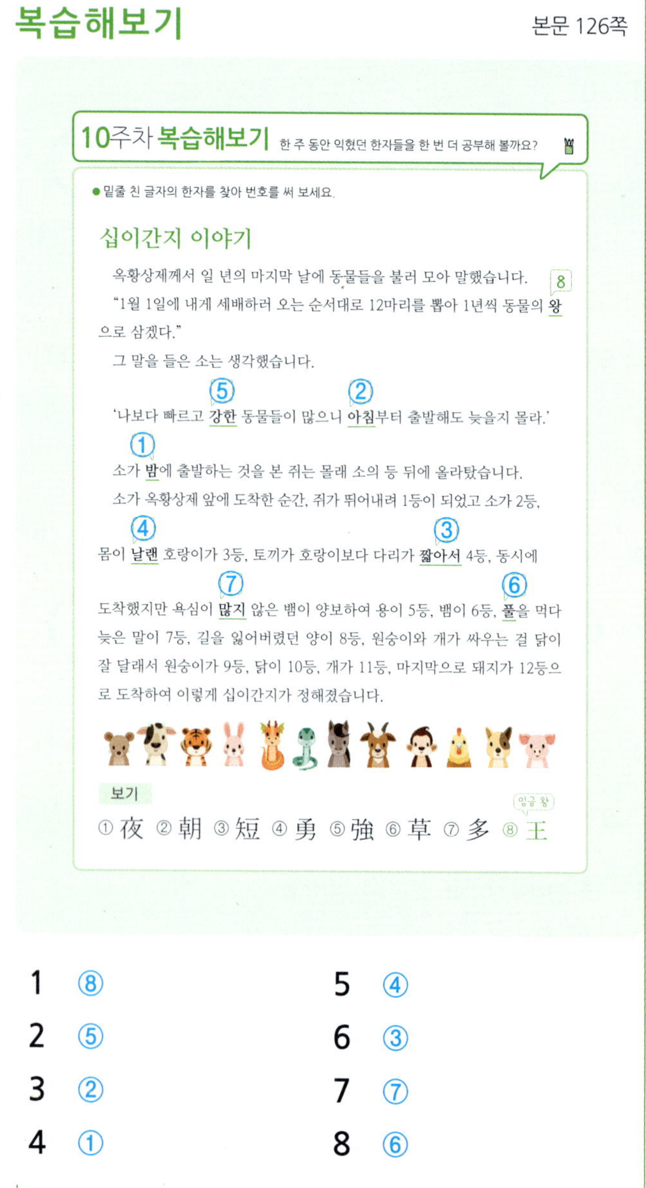

1 ⑧	5 ④
2 ⑤	6 ③
3 ②	7 ⑦
4 ①	8 ⑥